Die romanischen Schätze in der Auvergne

À Mireille, l'inspiratrice.

Die Kapelle von Vauclair (Cantal).

"L'amour est le seuil d'un autre univers."
Teilhard de Chardin

Text Noël Graveline
Fotos Francis Debaisieux
Redaktion Mireille Debaisieux

Éditions DEBAISIEUX

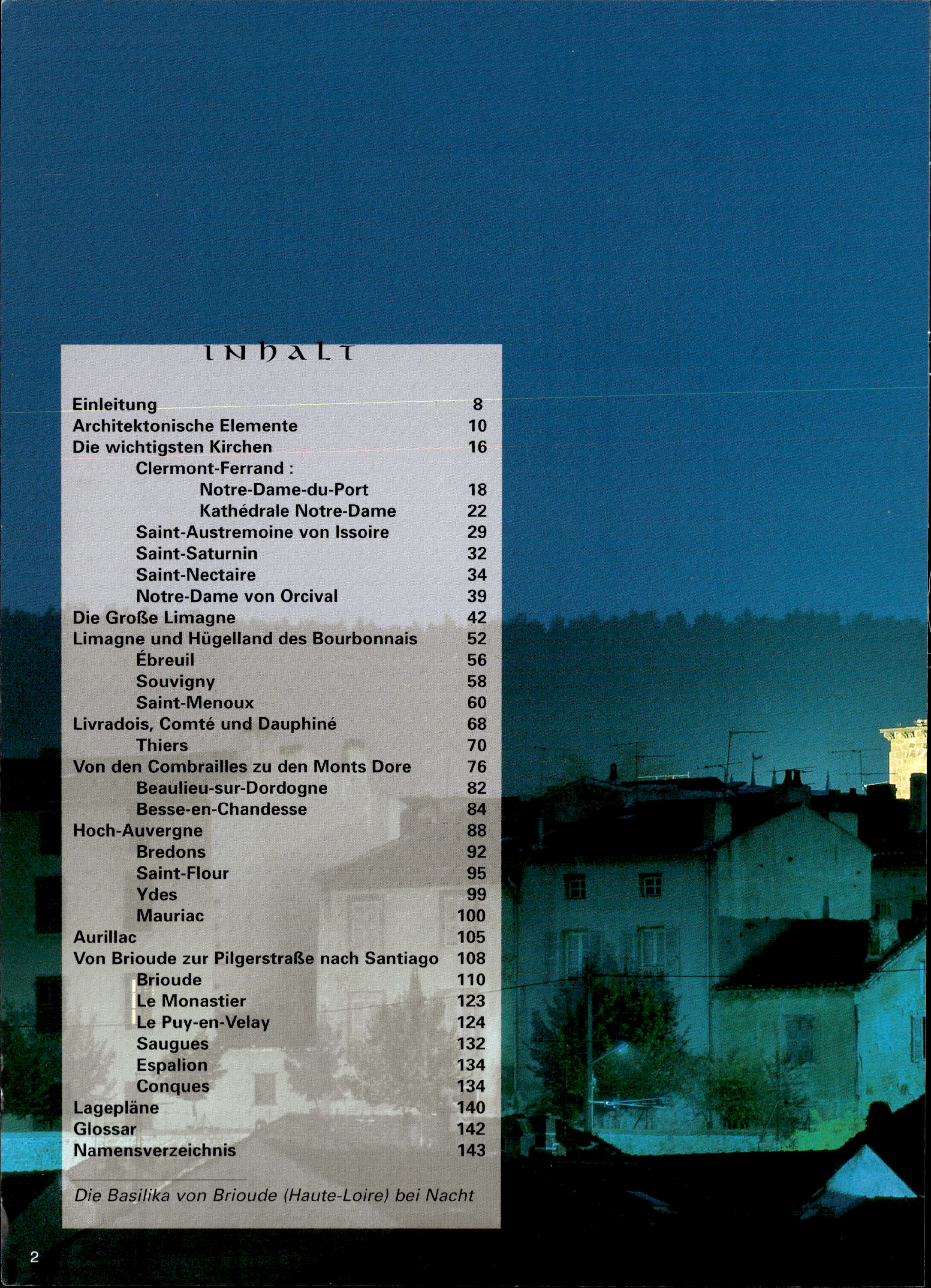

INHALT

Die Basilika von Brioude (Haute-Loire) bei Nacht

"Als romanische Epoche bezeichnen wir jene Zeit, in der das christliche Leben zu einer Kultur erblühte und in der die Vereinigung von Architektur, Plastik und bildnerischer Kunst einen Höhepunkt in der Geschichte der Menschheit erreichte."

André Malraux,
Das imaginäre Museum
(Bd. 3 Die Christliche Welt)

Madonna von Orcival (Puy-de-Dôme)

“Sie verlangten nicht, dass ein Kruzifix schöner sei als ein anderes, sondern dass es Christus wahrhaftiger darstelle. Die Schönheit ergab sich damit ganz von selbst.”

André Malraux Le Musée imaginaire

Christus von Auzon (Haute-Loire)

Johannes auf dem Evangelienbuch von Gannat (Puy-de-Dôme)

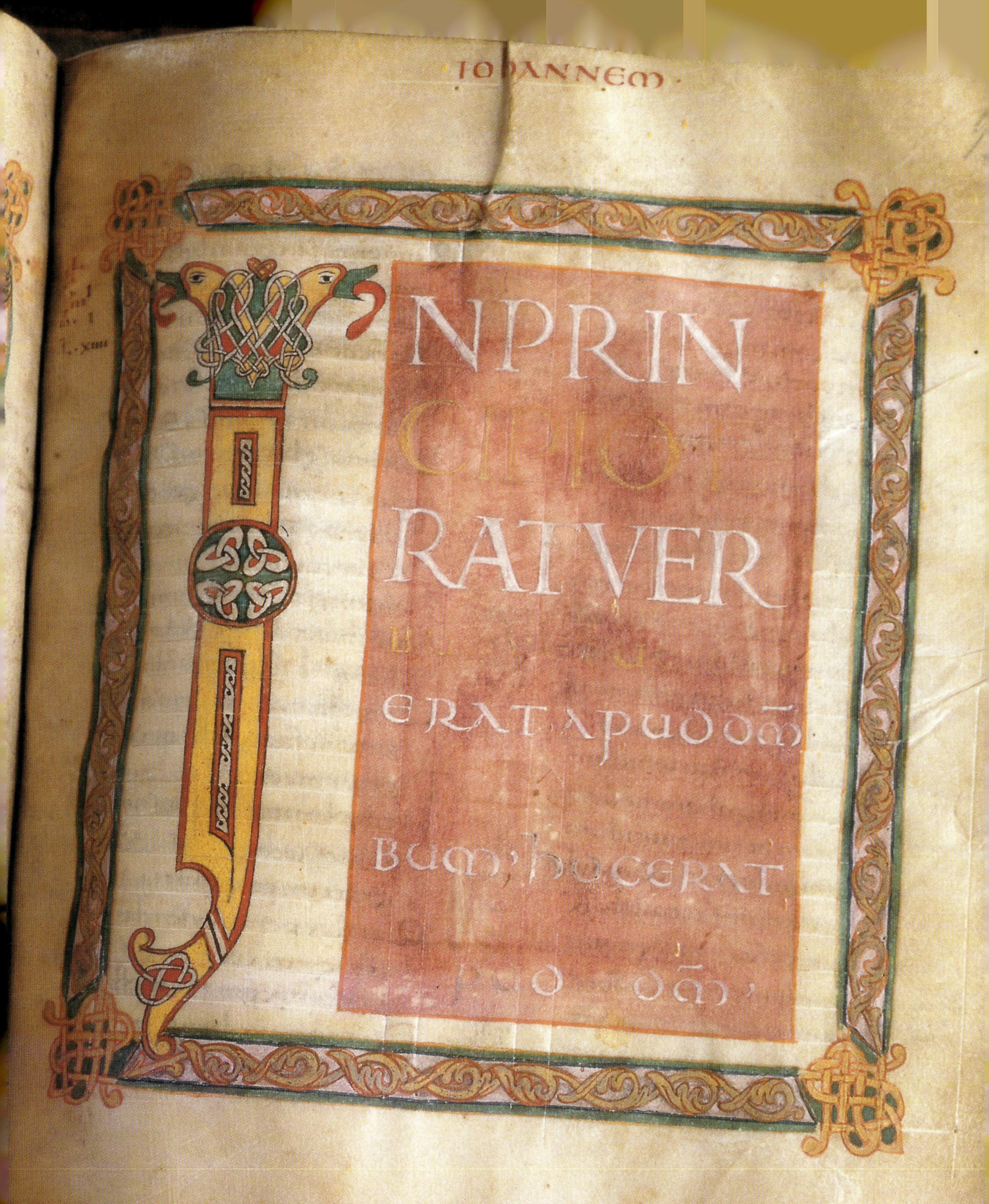
IOHANNEM
NPRIN
CIPIO E
RATVER
ERAT APUD DM̄
BUM HOC ERAT

In der romanischen Kunst kommt die Natur der Menschen in der Auvergne am besten zum Ausdruck. Dies gilt ebenso für die bescheidene Kapelle im Cantal wie für die großen Basiliken in der Limagne. Diese Bauwerke, die in ihrer schlichten Schönheit wie aus der Tiefe der Erden herausgewachsen zu sein scheinen, um einen Raum für höchste Spiritualität zu bilden, sind das Abbild einer Bevölkerung bei der die ursprüngliche Kultur der gallischen Arverner noch lange in Erinnerung geblieben ist und gleichzeitig das römische Erbe eingeflossen ist, bevor Platz für andere Kunstrichtungen aus anderen christlichen Gebieten geschaffen wurde.

In der Auvergne hat man eine Vorliebe für feste Bauten ohne viel Zierrat. In diesem Sinne entwickelten auch die Baumeister der Kirchen in der Auvergne am Anfang des 11. Jh. einen Baustil, der sich durch großen Erfindungsreichtum auszeichnete und sehr schnell Schule machte. Dabei wurde die Geometrie in den Dienst der Harmonie gestellt, und die erfolgreichsten Ergebnisse dieser neuartigen Baukunst sind die romanischen Apsiden, die auch heute noch zu den erlesensten Schöpfungen der westeuropäischen Architektur zählen. Diese überragende Baukunst ist mit einer eigenständigen regionalen Plastik und einer bildnerischen Kunst verbunden, die nicht minder urwüchsig ist, wie die schwarzen Madonnen und ausdrucksvollen Christusstatuen beweisen.

Chastel-sur-Murat (Cantal)

Für viele Liebhaber befinden sich die anziehendsten romanischen Kirchen in der Auvergne an verschwiegenenen Orten in den Bergen. Um sich jedoch ein klares Bild von der romanischen Baukunst seit dem 10. Jh. in dieser Region zu verschaffen, empfiehlt sich zunächst ein Besuch der Hauptkirchen in der Limagne. Dabei fällt zunächst auf, dass der Grundriss dieser Kirchen bemerkenswert ausgearbeitet ist - Ergebnis einer langen Entwicklung von der Antike an mit einer deutlichen Zwischenetappe in der Karolingerzeit. Dabei wird die klassische lateinischen Kreuzform der Basilika durch einen Narthex sowie durch Kapellen an jedem Arm des Querhauses und vor allem - als Hauptbeitrag der Baumeister in der Auvergne - durch ein Chorhaus mit einem Chorumgang und dahinter angeordneten Radialkapellen ergänzt, so dass die Gläubigen an den darin aufbewahrten Reliquien vorbeiziehen konnten. Mit dieser Verfeinerung der Baukunst wurde den Kirchen mit ihrer gemessenen Größe eine zusätzliche Monumentalität verliehen.

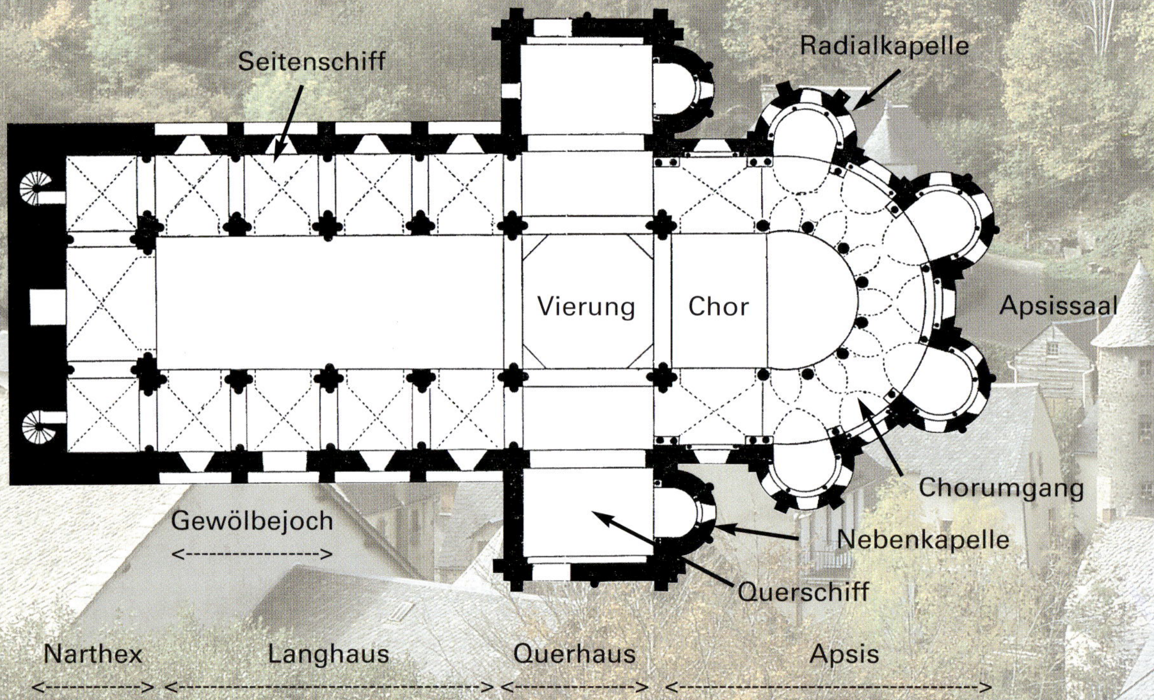

Plan von Domherrn Bernard Craplet, Zeichnung von Dom Noël Deney. L'Auvergne romane. Zodiaque

ARCHITEKTONISCHE ELEMENTE

ORCIVAL

"Orcival: Im Tal wie in zwischen den zusammenlaufenden Falten einer hohlen Hand eingebettet."

Jean Anglade

Mémoires d'Auvergne. De Borée

In Saint-Nectaire (Puy-de-Dôme) zeichnet sich die vollkommene Silhouette der romanischen Kirche aus der Auvergne ab

Schnittzeichnung von Domherrn Bernard Craplet, Zeichnung von Dom Noël Deney. L'Auvergne romane. *Zodiaque*

Ursprünglich waren die Kirchen mit einem Dachgestühl aus Holz versehen, was jedoch Schwierigkeiten bereitete, wenn man eine Gewölbedecke bauen wollte. Hier brachten die Baumeister in der Auvergne eine Neuerung ein, bei der ein idealer Kompromiss zwischen den Anforderungen bezüglich Festigkeit und Helligkeit gefunden wurde: Die Seitenschiffe erhielten eine Empore mit einer darüberliegenden, einen Viertelkreis beschreibenden und damit den Druck des Mittelbogens auffangende halbbogenförmigen Gewölbedecken. Das Licht fällt damit sowohl durch die Fenster der unteren Reihe in das Kircheninnere und hebt die Pfeiler hervor, als auch durch die Fenster der Empore und verbreitet sich so gleichmäßig im gesamten Kirchenraum. Dasselbe Prinzip wird bei der Vierung zwischen Lang- und Querhaus angewendet, über der sich eine Kuppel und der darüberliegende Glockenturm erheben, der wiederum auf einem Zentralbau aufliegt, der als "barlong" ("mehr lang als breit") bezeichnet wird und einen rechteckigen Block bildet, der seitlich den Schub der oberen Teile aufnimmt und zahlreiche Fensteröffnungen aufweist, durch die das Kirchenschiff von oben erhellt wird. Dieses vom Himmel kommende Licht wird im Inneren

Unten: *Im mittelalterlichen Stil renoviertes Langhaus der Kirche von Issoire (Puy-de-Dôme)*
Nächste Seite: *Die Vierungsbogen der Kirche von Ennezat (Puy-de de-Dôme)*

Die Keuschheit des Dichters Prosper Mérimée

Als "Inspecteur des Monuments Historiques" bereiste Prosper Mérimée ganz Frankreich, um ein Verzeichnis über die erhaltenswerten Baudenkmäler des Landes zu erstellen. Zur Beschreibung der Sparrenköpfe in der Klosterkirche von Ennezat in seinen Reisenotizen "Notes de Voyage" hielt er es am ehesten angebracht, sich der lateinischen Sprache zu bedienen, so sehr war er von den unkeuschen Darstellungen der Skulpturen und Ornamente verunsichert...

Links: *Mehrfarbiges Baumaterial in Brioude (Haute-Loire)*
Rechts: *Die Apsis der Kirche von Saint-Nectaire (Puy-de-Dôme) mit gelungener Harmonie*

Tonnenbänderdekor in Glaine-Montaigut (Puy-de-Dôme)

noch verstärkt durch die erhöhte Anordnung der Vierungsbögen, die zum Abstützen der Vierungskuppel dienen.
Damit gelangen wir zur Apsis, dem Glanzstück der Baumeister in der Auvergne. Jeder ist derselben Meinung, wenn es darum geht, die Schönheit und Ausgeglichenheit zu rühmen, die von der subtilen Anordnung der diesen Teil bildenden Volumen ausgeht. Beim Betrachten dieser vollkommenen pyramidenförmigen Architektur fallen zunächst die Radialkapellen auf, danach der Chorumgang und die Apsis, bevor sich das Auge zu den Vierungsbögen sowie der darüberliegenden Kuppel und dem Glockenturm erhebt. Die Apsiden in der Auvergne zeichnen sich durch ihren reichen Schmuck aus Schachbrettmotiven aus Naturstein unterschiedlicher Farbe, Tonnenbänderdekor, Sparrenköpfen, flachen Strebepfeilern und eingelassenen Säulen.

Links: *Fünfeckige Apsis in Roffiac (Cantal)*
Rechts: *Kapitelle und Sparrenköpfe in Bourg-Lastic (Puy-de-Dôme)*

Oben: *Zweifarbige Mosaike aus Naturstein in Chauriat (Puy-de-Dôme)*
Rechts: *Für die Romanik in der Auvergne typischer Zentralbau über der Vierung mit dem aufgesetzten Glockenturm der Kirche Saint-Austremoine in Issoire (Puy-de-Dôme)*

Unten: *Apsis mit typischem Rohschieferdach der Bergkirche von Orcival (Puy-de-Dôme).*
Rechts: *Verschlungene Bandmotive an der Apsis der Kirche von Ydes (Cantal) und naive Sparrenköpfe an der Kirche von Dienne (Cantal)*

Der romanische Baustil in der Auvergne

Die ersten Spuren des romanischen Baustils in der Auvergne sind in der Kathedrale von Clermont anzutreffen, die der Bischof Etienne II. im Jahre 946 errichten ließ. Sie sind noch in der Krypta des heutigen Bauwerks erhalten, das später im gotischen Stil darüber errichtet wurde. Der Bau aus dem 10. Jh. ist die erste mit Chorhaus, Chorumgang und Radialkapellen versehene Kirche, deren Plan in der darauffolgenden Zeit sehr oft übernommen wurde. Auf die ursprüngliche Kathedrale folgte zunächst eine zweite in der Zeit um 1020 herum - ebenfalls im romanischen Stil - die jedoch im 13. Jh. einem gotischen Bauwerk Platz machte. Bis zur Restaurierung durch Viollet-le-Duc im 19. Jh. behielt die Kathedrale von Clermont ihren ursprünglichen Narthex und ihre nüchterne Westfassade, deren Bauweise bezeichnend für den romanische Stil in der Auvergne ist.

Kirche von Saint-Nectaire (Puy-de-Dôme) auf dem Mont Cornadore

DIE WICHTIGSTEN KIRCHEN

Querhaus der Basilika von Notre-Dame-du-Port
Rechts: *Südportal mit polychromem Tympanon*

Unten: *Illumination in der Bibel von Clermont (um 1200). Aufruf zum Kreuzzug durch Urban II. auf einer Darstellung aus dem 19. Jh. (Stadt- und Universitätsbibliotek von Clermont-Ferrand)*

NOTRE-DAME-DU-PORT
ROMANIK IN IHRER REINSTEN FORM

Im Jahre 1095 rief der Papst Urban II. in Clermont - auf dem heutigen Place Delille nicht weit von der Stelle, an der damals die Kathedrale Notre-Dame-du-Port errichtet wurde - zum ersten Kreuzzug der Christenheit auf. Aus der Einheitlichkeit des Baustils der Kathedrale ist zu schließen, dass ihr Bau sehr schnell voranging, was übrigens bei allen sechs großen Kirchen der Fall zu sein schien. Leider ist die Basilika zu eng von den Häusern des Altstadtviertels umgeben, so dass ihre architektonische Schönheit eher im Inneren erkennbar ist: Aus der Dunkelheit des Narthex schweift der Blick nach vorn zum Chor durch das Langhaus mit seinen fein abgestuften Lichtstreifen. Beim Nähertreten schweift der Blick nach oben und entdeckt dort die kunstvolle doppelte Säulenreihe mit ihren außergewöhnlichen Kapitellen. Diese Skulpturen, die einem Bildhauer namens Rotbertus zu verdanken sind, sind wahre Meisterwerke der regionalen Romanik. Sie stellen die Tugenden und Laster, den Gehorsam der Heiligen Jungfrau, Evas Sündenfall im Paradies und die Glorifizierung der Heiligen Jungfrau dar. Alle Szenen sind gleichzeitig Ausdruck einer hohen Transzendenz und eines feinen Gespürs für Gestik und Inszenierung. Die Krypta unter dem Chor - mit demselben Grundriss - wird von den Einheimischen als "la Souterraine" ("die Unterirdische") bezeichnet, die sich hier vor einer Schwarzen Madonna zum Gebet einfinden, die im 17. Jh. nach einer romanischen Ikone angefertigt wurde.

Die Basilika Notre-Dame-du-Port

Chor der Basilika Notre-Dame-du-Port

Evas Versuchung, eines der berühmtesten Kapitelle im Chor

Der Triumph der Tugenden Großmut und Mildtätigkeit in ihrer festen Rüstung

Oben: *Die Vierung mit der Kuppel darüber*
Unten links: *Josefs Traum mit dem Engel, der ihn am Bart zieht um ihn aufzuwecken*
Schwarze Madonna nach einer Ikone aus dem 13. Jh.
Rechts: *Die Gründung der Basilika mit dem Bischof Etienne und seinem Namen "Stephanus" auf der Urkunde*

Romanische Fresken im Chorumgang der Krypta. "Madonna des seligen Todes" aus dem 12. Jh., im 19. Jh. schwarz gefärbt.
Kleines Bild: *Die Madonna von Alleaume auf einem Manuskript aus dem 12. Jh., (Stadt- und Universitätsbibliotek von Clermont-Ferrand) die vielen Madonnenstatuen in der Auvergne als Vorbild diente*

Notre-Dame de-la-Bonne-Mort

1974 wurde in der Kathedrale von Clermont eine Schwarze Madonna entdeckt, die sich in der ehemaligen Grabkapelle der Bischöfe befand. Die aus Nussbaum geschnitzte Statue erhielt die Bezeichnung "Notre-Dame-de-la-Bonne-Mort" ("Madonna des seligen Todes") und befindet sich heute in der Endkapelle der Apsis. Von der Vergoldung ihres Kleids her erinnert sie an die Statue der Madonna mit Kind, die im Jahre 946 vom Bischof Etienne II. beim Goldschmied Alleaume in Auftrag gegeben wurde, jedoch in der frz. Revolution verloren ging. Dies war die älteste bekannte Darstellung einer Madonna mit Kind in Westeuropa. Die Madonna des seligen Todes gehört zur Gattung der Schwarzen Madonnen in der Auvergne, aber ihre schwarze Farbe stammt aus dem 19. Jh. Dadurch wird jedoch die Ausdruckskraft dieser Madonna mit Kind nicht geschmälert, die sowohl eine entrückte Bewegungslosigkeit, als auch eine tiefe Menschlichkeit verkörpert.

Die romanischen Schätze der Kathedrale von Clermont

Gleichgültig, ob das Vorbild der romanischen Reliquienmadonnen vor dem Jahr Tausend die "erste" schwarze Madonne in Le Puy oder die rätselhafte Madonna von Alleaume in der ursprünglichen Kathedrale von Clermont war, ist auf jeden Fall erkennbar, dass ihre Zahl in der Auvergne weitaus größer ist als in den anderen Regionen. Die Madonna mit Kind ist stets als Weltregentin dargestellt, d.h. auf dem "Thron der Weisheit" sitzend und in einer Haltung, die orientalischen Ursprungs zu sein scheint. Auch ihr Gesichtsausdruck ist immer faszinierend - eine Mischung aus Rätselhaftigkeit und Milde, wobei jedoch eine große Vielfalt in der Darstellung festzustellen ist: Man findet Madonnen mit verklärtem, jedoch recht bäuerlichem oder mit einem stilisierten, maskenhaften Ausdruck sowie Madonnen mit den Zügen eines einfachen jungen Mädchens voller Inbrunst oder denen einer edlen Königin bzw. strahlenden Göttin vor. Dabei ist jedoch zu beachten, dass alle romanischen Madonnen in der Auvergne aus nur zwei oder drei Bildhauerateliers stammen.

Oben: *Die Madonna von Colamine-sous-Vodable*
rechts: *Die Madonna von Roche-Charles aus dem Kirchenschatz der Kathedrale von Clermont,*
Unten: *Die Madonna von Chalus,* (links), *der Bischofsstab des Hlg. Gallus* (Mitte), *der Kopf einer in Notre-Dame-du-Port gefundenen Madonna* (rechts).

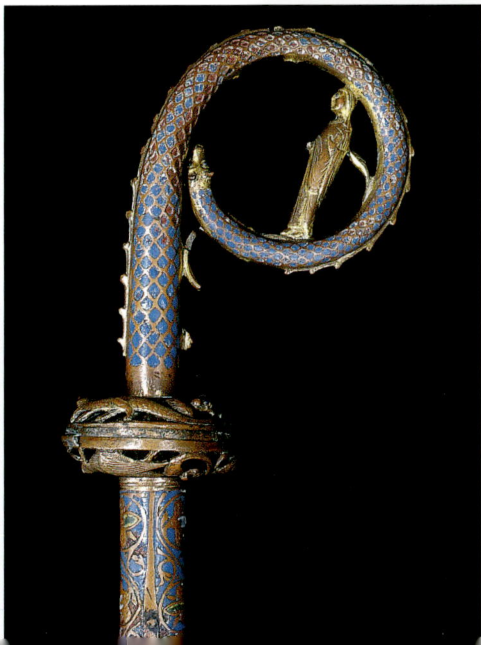

Eine Illumination aus der Bibel von Clermont, einem wertvollen romanischen Manuskript (Stadt- und Universitätsbibliotek von Clermont-Ferrand)

INCIPIT: PREPHATIO
BI: HIER: PRBI: IN
LIB: ACTVV: APTOR:
LUCAS
syrus
natione
cuius
laus in
eugtio
canitur
apud
anthio
chiam
medici
ne artis
egregi'
et aptor xpi discipulus. postea usq; ad con

Die romanischen Glasfenster der Kathedrale

Unter den Glasfenstern, durch die die Morgensonne in die Kapelle der Hlg. Anna - der früheren Grabkapelle der Bischöfe - fällt, befindet sich eine der schönsten in Frankreich erhaltenen Kompositionen aus dem 12. Jh. Die aus der romanischen Kathedrale übernommenen Fenster wurden zwischen 1160 und 1200 angefertigt und sind möglicherweise eine Stiftung des Königs Ludwig IX. anlässlich der Hochzeit seines Sohnes, des zukünftigen Königs Philip III. (der Kühne), der sich im Jahre 1262 in der Kathedrale von Clermont mit Isabella von Aragon vermählte. Die Bilder - von unten nach oben und von links nach rechts gelesen - stellen die Kindheit Christi - im Einzelnen Mariä Verkündigung, Christi Geburt, die Anbetung der Heiligen Drei Könige, und die Flucht aus Ägypten dar. Darüber - etwa in mittlerer Höhe - befinden sich zwei Abbildungen, die nicht zu der Serie der Kindheitsdarstellungen gehören und von denen das rechte Christus als Weltenherrscher in einer Mandorla und das linke das Pfingstfeuer mit den roten Flammen über den Häuptern der Apostel darstellen. Die 10 obersten Bilder gehören nicht zu der Serie, sondern stammen aus dem 13. Jh.*

(*alle auf dem Foto dargestellten Bilder stammen aus dem 12. Jh.)

Oben: *Tympanon mit Madonna, Petrus mit den Schlüsseln und dem Hlg. Stremonius, der ihm den daneben knienden Abt von Mozac empfiehlt*
Unten: *Die "Heiligen Frauen" im Stil der Auvergne mit übergroßen Köpfen nach galloromanischer Tradition*

MOZAC, ABTEIKIRCHE SAINT CALMIN

Das im Jahre 680 vom Grafen der Auvergne Calmin gegründete Kloster von Mozac, in dem die Reliquien des Hlg. Stremonius aufbewahrt wurden, wurde zu einer der bedeutendsten Abteien in der ganzen Auvergne. Die große romanische Kirche, die in der Mitte des Klosters stand, wurde leider durch ein Erdbeben im 15. Jh. zerstört, und das heutige Bauwerk ist nur ein bescheidener Abglanz ihrer ehemaligen Pracht. Hingegen wird darin immer noch der Reliquienschrein des Hlg. Calmin aufbewahrt, der die bedeutendste erhaltene Goldschmiedearbeit aus dem Limousin im 12. Jh. bildet, und auch die Kapitelle stammen aus der ehemaligen Kirche und sind Zeugen aus der Blütezeit der romanischen Skulptur. Auf zwei von ihnen sind die Auferstehung und eine Gruppe von Atlanten dargestellt, während das dritte, erst vor kurzem wieder entdeckte Kapitell die Apokalypse als vier Engel darstellt, die den Sturm des Jüngsten Gerichts in alle vier Himmelsrichtungen blasen.

Reliquienschrein des Hlg. Calmin aus emailliertem Kupfer
Links: *Detail "Der Heilige Calmin und seine Frau beim Bau des Klosters"*

Fassade der Kirche von Ennezat

Die Bestrafung des Wucherers

Eines der bekanntesten romanischen Kapitelle in der Auvergne auf der letzten Säule im Langhaus - stellt die Bestrafung eines Wucherers dar. Diese sehr prosaische Plastik bildet in der Provinz sehr oft behandeltes Thema und diente wahrscheinlich den anderen Darstellungen als Vorbild. Der Domherr Bernard Craplet, ein großer Kenner der romanischen Kunst in der Auvergne, beschreibt dieses Kapitell wie folgt: "Der Wucherer - wie alle Verdammten nackt dargestellt - wird in die Hölle gebracht. Zwei geflügelte Teufel mit gesträubten Haaren und einem Fell um die Hüften, ergreifen ihn an den Händen und Füßen. Um den Hals trägt er seine Lederbörse, in der er sein Geld aufbewahrte und zwischen seinen Beinen steht auf dem Boden ein Henkeltopf, in dem er seine Schätze verbarg: MUNERA DIVE... Die letzten Buchstaben sind unleserlich. Ein langes Spruchband wird von einem kleinen Teufel (links) vor den Gestalten ausgebreitet, während ein anderer (rechts) auf einem Hocker sitzt und den Straftext zu Ende schreibt. Über ihm hängt an einem Band ein Horn, das er als Tintenfass benutzt. Der Text lautet: "CANDO USURAM ACCEPISTI OPERA MEA FECISTI." ("Als du Wucherzinsen einheimstest, erfülltest du mein Werk").

Die "Kathedrale in den Sümpfen"

Die Apsis am Ende der Kirche von Ennezat im gotischen Stil und mit vulkanischem Gestein aus Volvic gebaut, ist leider nur ein Ersatz für seinen ursprünglich romanischen Vorgänger. Der zu ehrgeizige Plan der Baumeister im 13. Jh. führte allerdings dazu, dass der Umbau nicht weiter geführt und somit der ursprüngliche Teil - Narthex und Langhaus aus gelblichem Arkose - erhalten blieb, eines der ältesten Beispiele für die romanische Kunst in der Limagne. Die "Kathedrale in den Sümpfen", wie sie in Erinnerung an die damalige Sumpfgegend genannt wird, in der sie um das Jahr 1080 herum errichtet wurde, war eine der ersten, bei der die Schultern an den Halbbögen der Emporen errichtet wurden, um den Druck des Tonnengewölbes über dem Langhaus aufzunehmen.

Oben: *Kapitell "Der Wucherer"*
Unten: *Haupt- und Seitenschiff mit der Empore darüber, im Hintergrund der Narthex*

Die Kirche des Freimaurers

In der Nähe der berühmten Kirche Saint-Julien von Chauriat liegt die Kirche Sainte-Marie, ein weiteres romanisches Meisterwerk. Diese Pfarrkirche aus dem 11. und 12. Jh. wurde in der frz. Revolution säkularisiert und an einen gewissen Claude Antoine Rudel du Miral verkauft, der in der Konvention saß (und u.a. für die Hinrichtung des Königs Ludwig XVI. stimmte) und das Bauwerk als Lagerhalle benutzte. Da er außerdem auch Mitglied der Freimaurerloge war, ließ er in einer Nische im Glockenturm zwei Freimaurersymbole, nämlich ein gleichschenkliges Dreieck mit zehn Punkten und einen fünfeckigen Stern anbringen, die beide noch zu sehen sind.

Mosaikschmuck aus Naturstein an der Kirche von Chauriat

Vierung in der Kirche Salnt-Martin in Cournon
Kleines Bild : *Kapitell "Christus wäscht Petrus die Füße" in der Kirche von Chauriat*

Aus Arkose, Tuff- und Basalt

Die durch das Erdbeben im 15. Jh. sehr stark mitgenommene Kirche Saint-Julien in Chauriat nimmt dennoch eine wichtige Stellung unter den romanischen Bauwerken in der Auvergne ein. Wie gewöhnlich besitzt sie ein dreifaches Kirchenschiff, einen Barlong-Zentralbau mit gestuften Gewölbedecken und Vierungsbögen, sowie sehr schöne Kapitelle, die das Werk eines unbekannten Bildhauermeisters aus der Zeit um 1050 herum sind. Die Kirche von Chauriat ist in erster Linie wegen ihrer reich mit Mosaiken geschmückte Außenfassade bekannt, deren Polychromie durch den hellgelben Ton der Arkose, den rotbraunen und ockerfarbenen Ton des Tuffs und den grauschwarzen Ton des Basalts aus Volvic gebildet wird. Diese Mosaiken, die bei zahlreichen anderen Kirchen in der Auvergne anzutreffen sind, haben einen fast orientalisch anmutenden Charakter, gehen jedoch auf die galloromanische Tradition zurück.

Kirche Saint Martin in Cournon

Die Kirche von Cournon wurde vor relativ kurzer Zeit weitgehend restauriert. Die romanischen Teile sind auf vier Gewölbejoche des Langhauses, die Tragbögen in der Vierung und einen Teil des Chors beschränkt. Aber allein aufgrund dieser Überreste kann sie entschieden mit den bedeutendsten romanischen Bauwerken in der Region gleichgestellt werden, insbesondere mit der Kathedrale Notre-Dame-du-Port in Clermont-Ferrand, die denselben mit überhöhten Bögen verbundenen Apsissaal mit seinen sechs Säulen aufweist.

Apsis der Kirche Saint-Austremoine in der Morgensonne

Geometrische Außenverzierungen der Apsis
Rechts: *Die Zwillinge, eines der Tierkreiszeichen auf der Apsis*
Unten: *Jungfrau und Waage auf der Fassade der Endkapelle*

SAINT-AUSTREMOINE ODER DIE IDEALE ANORDNUNG

Henri Pourrat verglich die Kirche von Issoire etwas verschmitzt mit "gewissen älteren Damen, die von hinten betrachtet anziehender sind". Denn weder die Vorderfassade, noch die Glockentürme in pseudoromanischem Stil sind einer längeren Betrachtung würdig, während hingegen die Apsis und das Querhaus, ein wahres Wunderwerk an Harmonie, eine komplexe Stufenpyramide bilden, die ebenso reichhaltig wie subtil verziert ist. Unter den geometrischen Formen aus hellgelber Arkose, graumeliertem Granit und schwarzem Basalt, die der Apsis ein noch stärkeres Gepräge geben, sind die Fassaden der Radialkapellen mit bemerkenswerten Skulpturen des Tierkreises geschmückt, die mit dem Widder für den Monat März beginnen, der im Mittelalter der erste Monat im Jahr war. Im 19. Jh. wurde das Innere der Kirche vollständig neu ausgemalt, und durch die jüngste Renovierung wurden die relativ grell wirkenden Farben noch verstärkt. Im 12. Jh. wurde eine solche Polychromie jedoch oft angetroffen, die u.a. bezweckte, den Pilgern die Bedeutung der Darstellungen auf den Kapitellen verständlicher zu machen. Die Kapitelle in dieser Kirche gehören zu den berühmtesten in der Auvergne, insbesondere die Darstellung des heiligen Abendmahls. Die Krypta mit einem eigenen Umgang und acht stämmigen Säulen ist das gelungenste Bauwerk dieser Art in der Provinz und im Gegensatz zum Kirchenraum vollkommen bloß und schmucklos. Hier ist der mit Limoge-Email verzierte Reliquienschrein aufgehoben, in dem die Reliquien des Hlg. Stremonius ruhen.

Der achtsäulige Chor der Kirche Saint-Austremoine
Kapitell mit der Darstellung des Heiligen Abendmahls. Reliquienschrein des Hlg. Stremonius

Kapitell mit Kentaur und Pflanzenmotiven. Die Krypta in aller Nüchternheit

SAINT-SATURNIN
GRÖSSE IM KLEINEN

Die Kirchen in den westlichen Randgebieten der Limagne sind oft kleinere Repliken der großen Kirchen in der Ebene (so ist z.B. die Kirche von Saint-Saturnin gerade halb so groß wie die von Issoire), ohne dadurch jedoch weniger formvollendet zu sein. Die mit Arkose aus Montpeyroux gebaute Kirche von Saint-Saturnin steht neben dem Schloss der Tour d'Auvergne auf einem Felssporn zwischen den Wasserläufen Radialkapellen, noch einen Narthex, dagegen jedoch seinen ursprünglichen oktogonalen Glockenturm mit seiner bemerkenswerten Färbung, der als einer von wenigen die französische Revolution überlebte. Daher diente er auch als Vorbild für zahlreiche Neubauten im 19. Jh.

Die Kirche von Saint-Saturnin
Oben: *Der ursprüngliche Glockenturm der Kirche von Saint-Saturnin*
Rechts: *Die Apsis mit Chorumgang der Kirche*

Traditionnelles Mosaik-Kreuz auf der südlichen Giebelwand

SAINT-NECTAIRE

Der Hlg. Nectarius, ein Glaubensbruder des Hlg. Stremonius, christianisierte die tiefer gelegenen Regionen der Auvergne. Zu seinem Ruhm wurde auf dem Mont Cornadore diese herrliche Kirche errichtet, auch wenn der Ort etwas ungewöhnlich ist. Sie wurde aus Trachyt, einem hellgrauen vulkanischen Ergussgestein der Region gebaut. Sie zeichnet sich weder durch ihre Größe, noch durch ihre Verzierungen aus, die ausschließlich aus runden Mosaiken auf der Oberseite der runden Apsis bestehen. Hingegen ist sie vom Grundriss her im reinsten romanischen Stil ausgelegt, der einer klassischen Basilika entspricht. Daneben passt sich ihre Architektur auch vollkommen harmonisch in den natürlichen Rahmen der Umgebung ein. Im Inneren erweist sich die Kirche von Saint-Nectaire als ein Bauwerk erlesenster Romanik ohne Fehler mit einer Perspektive von Säulen - und nicht von Pfeilern - an denen entlang der Besucher zum hell beleuchteten Chor gelangt. Wie gewohnt sind auf den Kapitellen des Chorraums - sechs insgesamt - einige Episoden aus dem Leben Jesu und des Hlg. Nectarius mit sehr viel Wirklichkeitsnähe dargestellt: Auf diesen bewegten Szenen sind nicht weniger als siebenundachtzig Personen vorhanden! Der Kirchenschatz von Saint-Nectaire ist ebenfalls berühmt, denn er enthält u.a. eine sehr schöne Madonna mit Kind und vor allem eine Reliquienbüste des Hlg. Baudimus, eines Glaubensbruders des Hlg. Nectarius, dessen Antlitz von dem mittelalterlichen Bildhauer ergreifend zu gestalten wußte. Weiterhin werden hier auch zwei kunstvoll verzierte Buchdeckel aus dem Limousin aufbewahrt, die ebenfalls aus dem 12. Jh. stammen.

Kirche von Saint-Nectaire
mit makellos romanischer Architektur

Narthex der Kirche
von Saint-Nectaire
Kleines Bild: "Notre-Dame
du Mont Cornadore",
eine unter diesem Gewölbe
verehrte Madonna
mit Kind auf ihrem Thron

Darstellungen auf den Kapitellen der Kirche von Saint-Nectaire:

Oben von links nach rechts: *Die Auserwählten, eine Episode aus dem Leben des Hlg. Nectarius (mit einem Modell der Kirche) und die Versuchung Christi in Begleitung von Adam und Eva*

In der Mitte: *Die Gefangennahme Christi mit dem Judaskuss und Ranulfo, der sich an einer Säule anklammert. Dieses Kapitell kann als eine Darstellung des Asylrechts ausgelegt werden*

Unten: *Reiter der Apokalypse, Wunder des vom Paps wieder zum Leben erweckten Hlg. Nectarius und Erzengel Michael beim Jüngsten Gericht*

Diese aus Eichenholz geschnitzte Reliquienbüste mit ihrem Schmuck aus getriebenem und vergoldetem Kupfer stellt den Hlg. Baudimus, einen Weggefährten des Hlg. Nectarius dar
Kleines Bild: *Bucheinband mit emailliertem Relief aus dem Kirchenschatz in Saint-Nectaire*

ORCIVAL

Unter den großen Kirchen in der Auvergne gelang es der Liebfrauenkirche von Orcival am besten, die Jahrhunderte - in geistiger und religiöser Hinsicht - zu überleben. Denn diese Basilika wurde gebaut, um eine tief verehrte Wallfahrtsstatue der Muttergottes zu bewahren, die heute noch wie vor achthundert Jahren mit derselben Frömmigkeit durch die Stadt getragen wird, und zwar nicht nur an Himmelfahrt, sondern auch bei anderen Anlässen im Jahr. Die sehr nüchterne Kirche ist mit grauem Andesit verkleidet und mit Phonolithschiefer gedeckt, der durch das angewachsene Moos kupferfarbene Flecken erhält. Mit ihren vollkommen gestalteten Architektur passt sie sich über den Dächern des Orts harmonisch in den Rahmen der sie umgebenden Berglandschaft ein. Der Chor der Basilika, in dem sich die verehrte Statue befindet, ist von einem Licht überflutet, das die romanischen Linien unterstreicht und das Werk der mittelalterlichen Steinmetze voll zur Geltung bringt. Nur ein einziges Kapitell mit bildhaften Darstellungen ist vorhanden, um die Aufmerksamkeit der Gläubigen nicht von der Heiligen Jungfrau abzulenken. Es wird dem Bildhauermeister von Besse zugeschrieben und stellt die Bestrafung des Wucherers dar. Die Madonnenstatue ist die einzige in der ganzen Auvergne, deren goldene Verkleidung erhalten geblieben ist. Diese "Madonna mit den lichtvollen Händen" wurde lange Zeit von Sträflingen verehrt, wie die Ketten beweisen, die als Votivgaben im südlichen Querhaus an der Wand hängen.

Madonna von Orcival aus dem 12. Jh.
Wallfahrt an Himmelfahrt

Blick in das Innere der Kirche von Orcival

"Wo der Hammer hinfällt"

Warum wurde die Kirche von Orcival jedoch gerade an einem so unzweckmäßig Ort zwischen dem Flusslauf des Sioulet, den man zuerst umgehen musste, und der Bergflanke, in die erst eine erhebliche Fläche gegraben werden musste, errichtet? Der Legende nach wurde nach der Entdeckung der Madonnenstatue, die die gläubigen Bewohner des Orts zum Bau der neuen Kirche veranlasste, zuerst beschlossen, diese an der Stelle der alten Kapelle, d.h. auf dem "Grabhügel" zu errichten. Aber die Arbeiter stellten mit Erstaunen fest, dass jeden Morgen die Arbeit des Vortags wieder zunichte gemacht war. Sie sahen darin ein Zeichen des Himmels, dass die Kirche an einem anderen Ort gebaut werden sollte. Da warf der Baumeister seinen Hammer weit ins Tal und schwor, die Kirche an der Stelle zu errichten, an der der Hammer hinfallen würde. Und das war dreihundert Fuß weiter unten, genau zwischen dem Fluss und dem Bach...

Eine Geometrie nach dem goldenen Schnitt

Der Baumeister der Kathedrale Notre-Dame-du-Port bei diesem Bauwerk mit stark symbolischer Architektur die Regeln des Goldenen Schnitts anwendete. Demnach kann leicht festgestellt werden, dass der Grundriss des Langhauses ohne Narthex ein goldenes Rechteck bildet, während es mit dem Narthex zwei Quadrate bildet, deren gemeinsame Seite von zwei Säulen unterstrichen wird, die anscheinend keinen anderen Zweck haben und in den Pfeilern eingelassen sind. Dieselbe Anordnung ist bei den Kirchen von Orcival und Issoire anzutreffen. Bei den besagten Säulen besteht weiterhin ein Verhältnis zwischen deren Höhe und der Breite des Langhauses, das genau der goldenen Zahl entspricht. Weiterhin bilden diese Säulen ein zweites vollkommenes, jedoch kleineres Rechteck auf der Seite des Narthex. Auch der Grundriss der gesamten Kirche entspricht in zahlreichen Fällen diesen Proportionen - und zwar auf den Zentimeter genau. Die Geometrie basiert dabei auch auf dem pythagoreischen Lehrsatz, wie an den noch heute erhaltenen kleinen Holzdübeln zu erkennen ist, die von den Arbeitern mit Hilfe einer skalierten Schnur angebracht wurden, um die Winkel des Dreiecks nach dem Satz des Pythagoras zu bestimmen.

Kirche von Orcival
Kleines Bild:
Sträflingsketten als Votivgaben
Links: *Vierung der Basilika von Orcival mit Vierungsbögen, auf Trompen aufliegender Vierungskuppel und Emporen*

DIE GROSSE LIMAGNE

AUS ARKOSE UND BASALT

"Eine endlose Ebene, die den Eindruck eines Ozeans vermittelt. Sie breitet sich in einem leichten, blauen Dunstschleier aus bis sie sich in der Ferne, kaum sichtbar, am Rand der Berge verliert..." Die so von Maupassant beschriebene Region der Limagne mit ihrer schwarzen, schweren, kompakten, an Silizium und Lehm reichen Erde ist freizügig und generös wie die sie umgebenden vulkanischen Berge und bildet das historische und geographische Herz der Nieder-Auvergne. Neben den Hauptkirchen in dieser Region, die den romanischen Baustil der Auvergne verkörpern, sind auch zahlreiche kleinere Kirchen vorhanden, die alle Ausdruck des kulturellen Reichtums sind, der vom 10. bis zum 12. Jh. in der Großen Limagne herrschte.

Die Limagne in der Umgebung von Moissat
Kleines Bild:
Apsis der Kirche von Glaine-Montaigut

Auf den Anhöhen über Clermont-Ferrand

Der südlich von der Hauptstadt der Auvergne gelegene Vorort Beaumont verdankt seine Kirche Saint-Pierre einem 665 gegründeten Benediktinerkloster. Das Bauwerk weist den Grundriss des damaligen Baustils dieses Ordens auf - versetzte Apsiden, frühromanisches Kirchenschiff, wobei die Decke aus Holz im 11. Jh. jedoch als Tonnengewölbe mit Gurtbogen umgebaut wurde. Die Fenster, die eine direkte Innenbeleuchtung ermöglichen, sind auf der Außenseite von einem dreiteiligen Bogengang umsäumt, wodurch sich die Kirche von Beaumont von dem üblichen Muster in der Limagne unterscheidet.

Auch die Kirche von Chamalières, einem anderen Vorort von Clermont-Ferrand, geht auf ein Benediktinerkloster zurück und wurde ebenfalls erst nachträglich mit einem Tonnengewölbe versehen. das Hauptschiff und der Narthex der Kirche zählen zu den ältesten in der Auvergne, wie der Fund einer Silbermünze mit dem Kopf des Königs Lothar aus der 2. Hälfte des 10. Jh. der am Fuß eines Pfeilers beweist. Von der herrlichen Apsis, deren Harmonie durchaus mit der von Notre-Dame-du-Port vergleichbar ist, sind allerdings nur noch Radialkapellen erhalten.

Die weiter oben gelegene Kirche Saint-Léger von Royat bietet einen malerischen Anblick. Mit ihren zinnenartigen Bogenfriesen, über denen der auf einem ursprünglichen Wehrturm erst 1830 errichtete Kirchturm aus Arkose hinausragt, ist zweifellos eine ehemalige Wehrkirche, deren eigentlich romanischer Teil von der Architektur her nicht sofort ersichtlich ist. Das Hauptschiff und der mit einer Empore versehene Narthex stammen aus dem 11. Jh., während das Querschiff, die flache Apsis und die Krypta im nachfolgenden Jahrhundert hinzugefügt wurden.

Oben: *Narthex der Liebfrauenkirche von Chamalières*
Kleines Bild: E*ines der Kapitelle des Narthex*
Unten: *Das "Haus des Elefanten" in Montferrand*

Das Haus des Elefanten

In Montferrand, einem Ort mit einer Kirche im südgotischen Stil, ist der romanische Baustil durch die Keller eines der bekanntesten Ordenshauses des Templerordens und das sog. Haus des Elefanten vertreten. Dieses vor kurzem restaurierte Wohngebäude in der Rue Kléber (frühere rue de la Saulnerie) besitzt sehr schöne romanische Fensterbögen auf den charakteristischen Säulen. Der Name des Hauses geht auf die Freske eines Elefanten zurück, der den Bogen des mittleren Fensters ziert und vermutlich von einem Kaufmann nach einer Reise in den Orient in Auftrag gegeben wurde.

EINE PFORTE FÜR DIE TOTEN

Die Kirche Saint-Léger von Royat besitzt auf der Südseite zwei kleine vermauerte Pforten, die zum daneben liegenden Friedhof führten. Die eine davon, zu niedrig für eine normale Person, diente als "Pforte für die Toten", d.h. nur zum Durchführen des Sargs nach der Totenmesse. Dieselbe Anordnung - äußerst selten in der Auvergne - ist auch bei der Kirche von Messeix anzutreffen.

Kirche von Royat mit dem Puy de Dôme im Hintergrund
Apsis der Kirche von Beaumont mit halbkuppelförmigem Gewölbe und Gurtbögen

Am Rand des Gebirges

Mit ihrer aus Sandstein und Basalt gebauten Kirche bringt die Stadt Volvic ihre enge Beziehung zum Gebirge sowie zur Ebene der Limagne zum Ausdruck. Der einzige romanische Teil der Kirche ist die Apsis aus Arkose, denn im 11. Jh. verstanden es die hiesigen Steinmetze noch nicht, den harten Basalt von Volvic zu bearbeiten. Die dem einstigen Bischof von Clermont und im Jahre 764 getöteten Hlg. Priest gewidmete Endkapelle besitzt noch ihr ursprüngliches schmiedeeisernen Chorschranken und birgt ein Schwert, das angeblich dem Märtyrer gehörte. Mehrere schöne Kapitelle schmücken die Säulen dieser Apsis mit Chorumgang.

Der wertvollste Besitz der Kirche von Marsat in der Nähe ist eine romanische Madonna mit nachträglich geschwärztem Antlitz, deren Kleider im 19. Jh. vergoldet wurden. Neben dieser sehr verehrten Statue befindet sich ein sogenanntes "Wachsrad" in Form einer aufgewickelten endlos langen Kerze, die auf ein Gelübde der Madonna gegenüber im 13. Jh. zurückgeht.

Links: *Madonna von Marsat aus Nussbaum*
Unten: *Kirche Saint-Priest in Volvic mit dem für die Romanik in der Auvergne typischen Grundriss*

Kirchen in der Umgebung von Brayaud

Am westlichen Rand der Limagne sind die kleine, mit rohen Schieferplatten gedeckte Kirche von Saint-Myon, sowie die groß angelegte Stiftskirche Saint-Martin in Artonne sehenswert, die ebenfalls noch ihre romanischen Chorschranke besitzt. Die aus dem Kalkstein aus Chaptuzat mit seiner warmen Farbe gebaute Kirche des kleinen Orts La Chapelle in Vensat weist einen ausgesprochen harmonischen Grundriss und groß proportionierte Volumen auf. Am Baustil der Kirche in Saint-Hilaire-la-Croix ist bereits die Grenze der Provinz erkennbar, denn der Dekor und die Plastik weisen bereits einen Einfluss aus Burgund (geriefte Pilaster), aus der Guyenne (Portal mit dreifachem Tympanon) und der Saintonge (säulenverschlingende Ungeheuer) auf.

Oben rechts:
Chor der Kirche Saint-Martin in Artonne
Oben links: *Chorschranke*
Rechts: *Pforte der Kirche Saint-Hilaire-la-Croix*

An den Ufern des Allier

Die romanischen Kirchen an den Ufern des Allier im Herzen der Großen Limagne sind ein Beweis für den vielfältigen Gestaltungsreichtum der Baumeister in der Auvergne. So scheint die Kirche von Ris zuerst sehr breit und kräftig gebaut worden zu sein, worauf im Inneren ein Hauptschiff mit Halbbögen errichtet wurde, das viermal höher als breit ist.
Die Kirche von Luzillat aus dem Ende der romanischen Epoche ist sehr typisch für den Baustil in der Limagne, außer dass sie keinen Chorumgang besitzt. Sie besitzt ein Langhaus mit drei fensterlosen Jochen, Seitenschiffe mit Tunnelgewölbe und ein Querhaus mit Kuppeln sowie einen Chor mit drei Apsiden.
Maringues hingegen besitzt eine große Kirche aus mehreren Baustilen, deren Chorumgang das sehenswerteste Element darstellt. Die Kapitelle, von den Themen her typisch für die Auvergne, beinhalten dennoch einige Varianten wie z.B. einen Affen, der von einem Reiter an einer Schnur geführt wird.
In Pont-du-Château besitzt die Kirche Sainte-Martine einen gewaltigen Narthex mit Emporen, das den einzigen rein romanischen Teil der Kirche darstellt. Die interessanten Kapitelle sind ursprünglich, wurden jedoch in der Epoche der Restauration im 19. Jh. von einem Priester "manipuliert", die sie für zu anstößig hielt…

Oben: *Kirche Sainte-Martine in Pont-du-Château*
Rechts: *Kapitell "Adam und Eva" in Thuret*

Die Kirche von Thuret
nur für Eingeweihte ?

Die einst zu einer benediktinischen Abtei des Klosters von Saint-Alyre gehörende Kirche Saint-Limin in Thuret besitzt aus ihrer ersten Bauphase im 11. Jh. eine Reihe von Kapitellen, deren Darstellungen für die Fachleute nach wie vor ein Rätsel sind. Die in der Region allgemein üblichen Themen wie der Affe an der Leine oder Adam und Eva, die Greifen mit einem Kelch oder der Gute Hirte sind hier auf eine ausgesprochen archaisierende Art dargestellt, mit nur wenig Relief und einer betont stilisierten Gestaltung, die durch die Polychromie hervorgehoben wird. Daneben sind jedoch auch ungewöhnliche Darstellungen anzutreffen wie z.B. ein Stelzvogel, der eine Schlange verzehrt, oder eine kuriose Hochzeitsszene mit einer stark aufgeputzten Frau, hinter der sich ein dämonischer Kopf befindet, der Schlangen spuckt. Von einigen Gelehrten wurde vermutet, dass sich hinter der falschen Naivität der Skulpturen, die doch unter der Anleitung kultivierter Mönche ausgeführt wurden, bestimmte, nur für eingeweihte verständliche Mitteilungen verbargen. Die Skulptur über dem Türsturz des Südportals, die einen Jongleur bei einem gefährlichen Sprung darstellt - wobei er gleichzeitig einen konkaven Spiegel in der Hand hält - wäre als Hinweis auf die besondere Beschaffenheit dieser Kirche zu deuten.

Eines der Kapitelle in der Kirche von Maringues "Christus segnet die Leprakranken"

Totenlaterne von Culhat

Die verborgene Kirche von Culhat

Die Totenlaterne von Culhat

In mehreren Regionen besteht bis zum heutigen Tag die römische Tradition fort, die Verbindung zwischen den Lebenden und den Toten mit einer Flamme aufrecht zu erhalten. Dazu wurden im Mittelalter die sog. Totenlaternen gebaut, die wie eine Art Leuchtturm ausgelegt sind und in denen in erhöhter Position eine Laterne angebracht wurde, die mit einer Schnur und Umlenkrolle an ihren Platz gehisst wurde. Diese Tradition wurde insbesondere auf Friedhöfen gepflegt, die weiter vom Dorf abgelegt waren, und hatte auch einen praktischen Zweck: Bei einer Epidemie wie der Pest konnten die Bewohner dort Feuer holen, ohne mit den Nachbarn in Berührung zu kommen. In der Nieder-Auvergne ist nur noch eine einzige Totenlaterne aus der romanischen Epoche - die in Culhat - vorhanden, während im Cantal noch mehrere davon vorhanden sind, z.B. in Mauriac, aber die meisten davon sind jüngeren Datums.

Die hügelige Limagne

Um den Ort Billom herum ist die Landschaft hügelig und erinnert an die verführerische Landschaft der Toskana. Und die alten Kirchen sind nicht der einzige Anreiz in dieser südlichen Region der Großen Limagne. Die Kirche Saint-Cerneuf in Billom wurde zwar weitgehend im gotischen Stile umgebaut, besitzt jedoch noch ihr romanischer Chor mit Chorumgang, beide mit kunstvollen schmiedeeisernen Chorschranken aus dem 13. Jh. abgetrennt. Sie besitzt auch eine wertvolle Krypta aus dem 11. Jh. mit vier Radialkapellen, einen Chorraum mit acht Säulen und Fresken aus dem 12. Jh., die zu den ausdrucksvollsten in der Auvergne zählen.

Die bescheidene Kirche in dem Nachbardorf Glaine-Montaigut dennoch aufgrund der hellgelben, geäderten Arkose bewundernswert, die der Apsis eine angenehm warme Farbe verleiht. Hier ist insbesondere die Entwicklung der Romanik in der Auvergne von dem ursprünglichen und relativ einfachen Lang- und Querhaus zum Chor und den Apsiden erkennbar, die ein Glanzstück der hiesigen Baukunst in der Romanik verkörpern.

Kirche von Glaine-Montaigut, vor kurzem nach dem ursprünglichen Dekor renoviert

Saint Austremoine in Lezoux

Wenn man der Überlieferung Glauben schenkt, die auch durch den Fund von Scherben mit der Aufschrift Stremonius bekräftigt wird, kam der Hlg. Stremonius aus Rom in die Auvergne, um das Land zum Christentum zu bekehren und verweilte dabei zunächst in dem Töpferdorf Lezoux, wo er dieses Handwerk ausübte, während er gleichzeitig seine Missionsarbeit betrieb. Zu seinen ersten christlichen Anhängern gehörten eine gewisse Claudia sowie deren Nichte Gerlene und ein römischer Soldat namens Fabius. Letzterer wurde von der Menge getötet, als er das Haus der Claudia verteidigte, in der sich die ersten Christen heimlich trafen, und Gerlene starb daraufhin aus Liebeskummer. Der Überlieferung nach wurden die beiden Seite an Seite bestattet, was vielleicht auch der Wirklichkeit entspricht ist, denn im 19. Jh. wurden die Überreste einer jungen Frau neben denen eines Mannes ausgegraben, an dem noch die Überreste einer Rüstung und eine Fibel gefunden wurden. Weiterhin befindet sich in Lezoux eine romanische Kirche aus dem 11. Jh., die dem Namen Stremonius zugeordnet ist und eine Krypta besitzt: Wäre dies nicht der Keller des Hauses der Claudia, in dem die ersten Christen in der Auvergne ihren Gottesdienst abhielten?

Das Votivgabe der Flussschiffer

In Beauregard-l'Evêque am Ufer des Allier, einst Sommerresidenz der Prälaten von Clermont, steht noch - vom Friedhof umgeben - die ursprüngliche Kirche Saint-Aventin in frühgotischem Stil. Hier befand sich die Furt der ehemaligen Römerstraße von Clermont nach Thiers sowie ein kleiner Hafen für die Schiffer, die den Fluss hinab fuhren. Die Kapelle Saint-Aventin, eine der ehrwürdigsten Kirchen in der Auvergne, besitzt eine für diese Gegend unerwartete Votivgabe in Form eines an der Decke aufgehängten Bootes.

Oben: *Chorschranke der Kirche von Billom aus dem 12. Jh.*
Unten: *Die Krypta der Kirche Saint-Cerneuf in Billom ist in ihrer ursprünglichen Form erhalten geblieben und stellt ein hervorragendes Modell für die frühromanischen Baukunst in der Auvergne dar*

Limagne und Hügelland des Bourbonnais

Im burgundischen Einflussbereich

Das Stammgebiet des Bourbonengeschlechts unterlag einst zahlreichen Einflüssen, in erster Linie aus der nahen Auvergne, aber auch aus dem Berry, dem Nivernais und insbesondere aus Burgund. Ein Beweis dafür ist die Sprachgrenze zwischen "langue d'oïl" im Norden und "langue d'oc" im Süden und parallel dazu die Verwendung von flachen Dachziegeln im Norden und "römischen" Ziegeln im Süden. Gerade diese Vielfalt und Unterteilung erlaubten dem Hause Bourbons seit dem 11. Jh., seinen Machtbereich zu erweitern. Was die Romanik anbetrifft, so wurde der Süden des Bourbonnais, der teilweise zur ehemaligen Diözese der Auvergne gehörte, von mehreren Kunstrichtungen beeinflusst.

Kirche Saint-Julien in Meillers mit Blick über das Bourbonnais
Kleines Bild: *Kirche Saint-Laurent in Châtel-de-Neuvre mit gedrungenem Bau*

Zwischen Gebirge und Allier

Im Osten ist die "Limagne Bourbonnaise" von einem Bergland begrenzt, in dem ein romanischer Baustil besonderer Art entwickelt wurde. Die Kirche von Châtel-Montagne ist ein Bauwerk aus rohem Granit, in dem die traditionelle Bauweise der Auvergne mit dem dreistufigen Baustil aus dem burgundischen Cluny verbunden ist. Die majestätische Kirche wurde später durch eine für die Region ungewöhnlich reiche Westfassade ergänzt.

Die mitten in der Ebene jenseits des Allier gelegene Kirche von Biozat gehört vom Baustil her zur Limagne, und auf ihren Kapitellen sind dieselben Themen wie in der Kirche von Mozac dargestellt. Der Ort Gannat in Nähe davon besitzt zwei ganz oder teilweise romanische Kirchen, die von der Abtei in Issoire abhingen. Aber der wertvollste religiöse Besitz befindet sich im Schloss-Museum: Ein Evangelienbuch aus dem 12. Jh. aus der Abteikirche von Ebreuil mit einem karolingischen Buchdeckel aus Elfenbein, auf der eine Kreuzigungs- und eine Auferstehungsszene dargestellt sind.

Oben: *Die später hinzugefügte Fassade der Kirche von Châtel-Montagne*
Unten: *Kapitell "Der störrische Packesel"*

Humor auf Granit

Die Bildhauer der Kirche von Châtel-Montagne ließen sich nicht durch die Härte des dortigen Granits abschrecken, der ihnen als Ausgangsmaterial diente. Sie machten ihre Arbeit vielmehr mit Humor, wie die Darstellung auf den Kapitellen beweisen. Diese etwas derben Skulpturen zeigen Vierbeiner auf ihren Hinterbeinen, die sich in den Schwanz beißen, Büsten vom Männern, die ins Horn stoßen, eine Meerjungfrau oder Atlantide mit einem Affenkopf. Eines der Kapitelle zeigt einen besonders störrischen Packesel, der vorn von einem Mann gezogen und hinten von einem anderen geschoben wird, aber scheinbar ohne Erfolg.

Evangelienbuch von Gannat
Apostel Markus mit dem Löwen

Buchdeckel aus Elfenbein

Unten links und rechts: *Illuminationen, Apostel Matthäus und seine symbolische Figur*
Mitte: *Mit Email und Edelsteinen verzierter Buchdeckel*

Eine Zufluchtstätte am Ufer der Sioule

Der Ort Ebreuil trat in die Geschichte ein, als Ludwig der Fromme, einer der Söhne Karls des Großen, daraus seine Winterpfalz machte. Die geistige und geistliche Bestimmung wurde 898 noch verstärkt, als die Mönche aus Saint-Maixent im Poitou auf der Flucht vor den Normannen die Reliquien des Hlg. Léger hierher brachten und eine Benediktinerabtei bauten, deren Kirche bis heute erhalten geblieben ist. Das hinter dem mächtigen Glockenturm mit Portal aus dem 12. Jh. liegende Lang- und Querhaus gehören beide zur Frühromanik in der Auvergne. Die Empore des Hauptschiffs ist mit einer der reichsten romanischen Freskensammlungen in der Provinz geschmückt, die hauptsächlich Episoden aus dem Leben des Hlg. Stremonius, des Hlg. Pankraz und der Hlg. Valerie darstellen.
Die nicht weit entfernt gelegene Kirche von Veauce, die an die Kirche von Saint-Saturnin erinnert, ist die ehemalige Abteikirche von Ebreuil.

Kirche von Veauce im Morgenlicht

Der Chorumgang in der Kirche von Veauce mit seinem hohen Gewölbe

Tierfelle und Löwenmäuler

Die Torflügel des Portals der Kirche Saint-Léger in Ebreuil aus dem 12. Jh. sind bis heute erhalten geblieben. Bereits Viollet-le-Duc bewunderte sie, insbesondere die Beschläge: "jeder Flügel ist nur mit zwei Türbändern befestigt, während sieben falsche Türbänder die Friese schmücken und sie untereinander festhalten. Das falsche Türband in der Mitte, reicher als die anderen sechs, bildet eine schöne Doppelpalmette. Diese Beschläge sind über auf dem Holz aufgezogenen und mit lebhaftem Rot bemalten Felle befestigt". Angeblich handelt es sich dabei - wie in Orcival - um Bärenfelle. Wie bei der Kirche Saint-Julien in Brioude besitzt dieses Portal weiterhin zwei Türklopfer aus Bronze, die mit stilisierten Löwenköpfen verziert sind, von denen eine die lateinische Aufschrift ADEST PORTA PER QUAM JUSTI REDEUNT AD PATRIAM ("Dies ist das Tor, durch das die Gerechten ins Himmelreich gelangen") trägt.

Die Torflügel des Portals der Kirche Saint-Léger in Ebreuil

Bronzener Türklopfer der Kirche Saint-Léger in Ebreuil
Freske "Mariä Verkündigung", auf der Maria mit ausgebreiteten Armen und einem Schleier dargestellt ist
Freske "Leiden der Heiligen Valerie", auf der ihr Verlobter Stefan einen Schergen mit dem Schwert abweist

SOUVIGNY, EIN JUWEL IN DER "ILE DE BOURBON"

Der Begriff "Ile de Bourbon" bezeichnet die kleine Region zwischen Moulins, Souvigny und Bourbon-l'Archambault, in der das Haus Bourbon seinen Stammsitz hatte und sich die wichtigsten Baudenkmäler der Provinz befinden. Die Kirche Saint-Pierre in Souvigny ist das schönste historische Bauwerk in dieser Region. In dieser Wallfahrtskirche kamen einst bis zu zwölftausend Gläubige zusammen, und sie wurde im Laufe der Jahrhunderte mehrmals umgebaut, aber im Hauptschiff und im Chorraum (dessen Auslegung an die der Kirche von Issoire angelehnt ist) ist der romanische Baustil noch großenteils erhalten.

Unter den von Souvigny abhängigen Orten befindet sich das sehr malerisch über dem Allier gelegene Dorf Châtel-de-Neuvre. Die Kirche in ihrer etwas streng wirkenden, aber äußerst reinen Frühgotik ist ein hervorragendes Beispiel für diesen Stil.

DAS GRABMAL DES HLG. MAYEUL

Es ist vor allem zwei hier begrabenen Äbten aus Cluny zu verdanken dass das Kloster von Souvigny eine der schönsten religiösen Stätten im Bourbonnais bildet und auch die Grabmäler der Herzogen von Bourbon aufnahm. Die Geschichte beginnt im Jahre 916, als Aymard, einer der Vorfahren der Bourbonen, seine Besitztümer in Souvigny dem Kloster Cluny vermachte. Mayeul de Provence, der vierte Abt von Cluny, starb 994 in Souvigny auf einer seiner Reisen und wurde hier begraben. Er wurde sofort nach seinem Tod vom Papst kanonisiert, was zur Folge hatte, dass Tausende von Pilgern zu seinem Grab strömten, unter ihnen auch Hugues Capet, der Begründer der Kapetinger-Dynastie. Der nächste Abt, Odilon de Mercœur, nahm den Bau der gegenwärtigen Kirche in Angriff und trug weitgehend zur Verbreitung der cluniacensischen Reform bei, wobei er gleichzeitig bei der Bevölkerung wegen des von ihm eingerichteten "Gottesfriedens" (Pax Dei) beliebt wurde. Er verstarb 1049 in Souvigny und wurde ebenfalls kanonisiert. Er ruht neben dem Hlg. Mayeul in einem sehr schönen, fein bearbeiteten romanischen Grab, das sich auf der Rückseite des linken Eingangsportals befindet.

Seitenschiff der Abteikirche in burgundischer Romanik und das Grab des Hlg. Mayeul

DER ROMANISCHE "KALENDER" VON SOUVIGNY

Gegenüber der großen Abteikirche von Souvigny steht die ehemalige Gemeindekirche Saint Marc in romanisch-burgundischem Stil, die heute ein Museum für Bildhauerei beherbergt. Darin ist eine besondere Sehenswürdigkeit aus der Geschichte des Klosters aufbewahrt: Der romanische "Kalender", auch unter den Bezeichnungen "Pfeiler", "Oktogon" oder "Tierkreissäule" bekannt, was die Unsicherheit der Fachleute über seine Bedeutung ausdrückt. Es handelt sich um den 840 kg schweren, mannshohen Teil eines achteckigen Pfeilers, der offensichtlich um die Hälfte verkürzt wurde. Denn auf einer Seite der Säule befinden sich feine Skulpturen und Inschriften, die die Monate und die entsprechenden Feldarbeiten, aber auch Tierkreiszeichen sowie fremdartige Fabeltiere darstellen.
Als Feldarbeiten sind das Dreschen des Korns, die Weinernte mit einer Figur, die die Reben stampft und einer anderen, die eine Weinbütte einfüllt, abgebildet, während im Monat Dezember ein Mann vor einer mageren Mahlzeit dargestellt ist. Unter den Tierkreiszeichen befindet sich eine seltsame Kreatur mit vier Beinen und einem zugespitzten Schwanz, die allem Anschein nach ein Skorpion darstellen soll. Unter den Fabelgestalten befindet sich eine Meerjungfrau und ein Tier mit Menschenkopf. Zwischen den figürlichen Darstellungen sind reiche Ornamente mit Mäandern, Rankenornamenten, verschlungenen Bändern und Palmetten angeordnet, nach denen die Arbeit dem 12. Jh. zugeordnet werden kann. Es wird allgemein angenommen, dass dieser "Pfeiler" an Ostern als Kerzenleuchter diente.

Der "Kalender"
der monatlichen Feldarbeiten
Oben: *Silbermünzen aus dem 12. Jh.*

Die Apsis der monumentalen Kirche in Saint-Menoux
Nächste Seite: *Chor und Chorraum der Kirche mit sieben Säulen und deren bewundernswerten Kapitellen*
Kleines Bild: *Der berühmte "Débredinoire", Sarkophag des Kirchenheiligen mit einer Öffnung auf der Seite, durch die die "Einfältigen" ("bredins" in der hiesigen Mundart) den Kopf steckten, um geheilt zu werden*

Am Rand der Auvergne

Auch im Norden der früheren Diözese von Clermont breitete sich der regionale romanische Baustil aus, was in der Architektur wie auch in der Plastik zum Ausdruck kommt. Dies ist z.B. an der Kirche Saint-Georges in Bourbon-l'Archambault erkennbar, deren Baumeister sich an der Kirche von Souvigny und damit indirekt an Cluny inspirierten, wobei sie ihr jedoch auch einen für die Auvergne typischen Zug verliehen. Der burgundische Einfluss ist insbesondere an den dekorativen Details zu erkennen, während der für die Auvergne typische Stil an den ausdrucksstarken Darstellungen auf den Kapitellen wie z.B. dem mit den Musikern erkennbar ist. Die regionale Skulptur findet auch auf dem Türsturz über dem Portal der Dreieinigkeitskirche von Autry-Issard ihren Ausdruck. Es ist einer der seltenen Fälle, in denen das Werk vom Bildhauer unterzeichnet ist - hier mit der Aufschrift NATALIS MEFE(cit). Der Türsturz mit einem symbolischen Satteldach ist mit einer von den Erzengeln Michael und Gabriel gehaltenen Mandorla geschmückt, auf der jedoch die Christusfigur verschwunden ist. Diese Darstellung trägt starke Züge der lokalen Romanik und erinnert an das Portal der Kirche Sainte-Foy in Conques. Um sich davon zu überzeugen, genügt ein Vergleich mit dem Türsturz über dem Portal der Kirche von Neuilly-en-Donjon am westlichen Rand des Bourbonnais, die eindeutig von der burgundischen Schule beeinflusst ist. Sie stellt oben die Anbetung der Heiligen drei Könige und darunter Adam und Eva sowie das Heilige Abendmal dar.

Im Westen des Bourbonnais, in Montluçon ist erkennbar, dass der romanische Stil der Auvergne auch Einflüssen aus dem benachbarten Berry ausgesetzt war. Die Kirche Saint-Pierre der Stadt, einst unter der Obhut der Erzpriesterschaft von Huriel, besitzt einerseits eine für die Auvergne typische Vierungskuppel auf Trompen und andererseits einen Übergang zwischen dem hallenförmigen Kirchenschiff und den beiden Armen des Querhauses, der typisch für die Region des Berry ist. Direkt neben Montluçon liegt die Kirche Saint-Georges von Néris-les-Bains mit einer Apsis mit Chorumgang und drei Radialkapellen und darüber angebrachten Giebel, deren Zugehörigkeit zum Stil der Auvergne unbestreitbar ist die stark an die der Kirche von Saint-Nectaire erinnert.

Oben: *Portal der Kirche von Neuilly-en-Donjon mit burgundischem Einfluss. Auf der Darstellung des Heiligen Abendmahls ist die Hlg. Magdalena zu Füßen Jesu kniend zu erkennen*

Links oben: *Kirche von Bourbon-l'Archambault und Kapitell "Die Musiker"*
Links unten: *Portal der Kirche von Autry-Issards und Detail aus der Darstellung über dem Türsturz*

Unten: *Kirche Saint-Pierre in Montluçon mit den seitlichen Übergängen zu den Querschiffen im Baustil des Berry. Kirche von Néris-les-Bains*

Die größer ausgelegte Kirche Saint-Vincent in Chantelle hinter den Mauern der Burg der Herzöge von Bourbon ist ebenfalls sehr typisch für den hiesigen Baustil. Sie besitzt insbesondere eine sehr schön abgestufte Apsis. Unter den Kapitellen sind vor allem zwei erwähnenswert, die zwei springende Tiere und kuriose menschliche Masken darstellen.
Die Kathedrale Notre-Dame in Moulins, der blühenden Hauptstadt des Bourbonnais mit dem Sitz der Herzöge von Bourbon, ist zwar im spätgotischen Stil gebaut, aber aus der romanischen Epoche ist eine Schwarze Madonna im Stil der Auvergne erhalten, die stark an die Madonna in Le Puy erinnert. In der Umgebung der Stadt befindet sich in der Kirche von Meillers ebenfalls eine sehr ausdrucksvolle Madonna mit Kind, deren Antlitz nach dem Gesicht einer hiesigen Bäuerin geschnitten zu sein scheint. Die Kirche dieses Orts in der typischen Heckenlandschaft des Bourbonnais besitzt weiterhin einen prunkvollen Türsturz mit einem symbolischen Satteldach über dem Portal, der ganz im Stil der Auvergne liegt.
Bis zum Hundertjährigen Krieg blieb Yzeure Hauptsitz der Pfarrei von Moulins, während der Ort heute darin eingemeindet ist. Die romanische Kirche von Yzeure gehörte zur Diözese von Autun, daher ist es nicht verwunderlich, dass dort eine Ornamentik mit burgundischem Einfluss zu erkennen ist, die der in Souvigny ähnelt.
Denn die Zugehörigkeit einer Kirche wurde damals gerade in solchen Details unterstrichen, wo immer dies möglich war. Dies erklärt auch die Einflüsse der italienischen Romanik in der einige Kilometer entfernten Kirche von Le Montet, die einer Abtei im Piemont angehörte.

Oben links: *Kapitell "Esel und Löwe als Musikanten" in Meillers*
Oben rechts: *Kirche Saint-Julien in Meillers mit Glockenturm im typischem Barlong-Stil*
Unten links: *Madonnenstatue in Meillers*
Unten rechts: *Tympanon der Kirche von Meillers mit Christus als Weltenherrscher in einer Mandorla*

Die Kirche von Chantelle. Unten links: *Portal der Kirche von Le Montet*
Unten rechts: *Die Schwarze Madonna von Moulins aus dem 12. Jh.*

Die romanischen Bauwerke in der bourbonischen Limagne besitzen eine gewisse Ähnlichkeit: Der Glockenturm der Kirche von Agonges nördlich von Saint-Menoux mit seinem rechteckigen Grundriss erinnert an den der Kirche von Meillers oder der Kirche Saint-Léger in Ebreuil, ebenso wie der Glockenturm der Kirche Saint-Étienne in Franchesse. Demgegenüber besitzt der Glockenturm der Kirche Saint-Martin in Coulandon aus dem 11. und 12. Jh. über dem rechteckigen Barlong-Zentralbau einen quadratischen Grundriss.

Oben: *Kirche von Agonges mit burgundischem Dekor*
Links: *Glockenturm der Kirche in Franchesse.*
Unten: *Kirche in Coulandon mit einem typisch burgundischen "Plapperraum"*

Oben: *Burgundischer Dekor mit einem schmucklosen Tympanon (12. Jh.) am Portal der Kirche Saint-Pierre in Yzeure*

Rechts: *Der Glockenturm ist quadratisch und besitzt oben ein Geländer aus dem 18. Jh.*
Unten: *Über dem Portal reihen sich unterschiedliche und ausdrucksreichen Sparrenköpfe aneinander*

Livradois, Comté und Dauphiné

In den Tälern der Dore und des Allier

Von dem Gebiet um Thiers bis zu dem um La Chaise-Dieu grub die Dore ihr Bett in Richtung Le Velay tief in das Bergmassiv der Auvergne ein. Östlich davon erheben sich die Berge von Le Forez, wo die Auvergne in einer fast menschenleeren Gegend endet. Auf der gegenüberliegenden Seite ziehen die sanft gewellten Hügel des Livradois dahin, ein wiesen- und waldreiches Gebiet, das sich besser für eine menschliche Besiedlung eignete. Dieser von Henri Pourrat besungende Landstrich verlängert sich in den beiden historischen Regionen des Comté und des Dauphiné d'Auvergne mit ihren zahlreichen Vulkankegeln, die den Fluss Allier links und rechts umsäumen.

Seit dem 12. Jh. sind in diesen Gebieten zahlreiche - im allgemeinen recht rustikale - Kirchen anzutreffen, die sich durch eine bemerkenswerte Vielfältigkeit auszeichnen. Bestimmte architektonische Züge lassen Einflüsse aus Le Velay oder Le Forez erkennen, während der Stil der Plastik eindeutig aus der Auvergne stammt. Die Vielzahl der Einflüsse geht u.a. auch darauf zurück, dass viele der Kirchen Priorei- bzw. Stiftskirchen von bedeutenden Klöstern wie Manglieu, Issoire, Sauxillanges und vor allem La Chaise-Dieu waren. In der gotischen Epoche wurden auch zahlreiche Kirchen im Livradois und im Comté an diesen Baustil angepasst.

Das Dore-Tal im Frühnebel
Kleines Bild: *Detail des Portals der Kirche von Saint-Dier d'Auvergne*

Größte Vierungskuppel in der Auvergne in der Kirche Saint-Genès in Thiers
Unten, Überschwängliche und naive Darstellungen auf Kapitellen der Kirche von Le Moûtiers

Zwei Kirchen am Ufer der Durolle

Der Bischof von Clermont, der Hlg. Avit, ließ die erste, dem Hlg. Genesius geweihte Kirche in Thiers am Ende des 6. Jh. auf einer Anhöhe errichten, während etwas später weiter unten im Ort eine blühende Benediktiberabtei entstand, wie der Name der Kirche von Le Moûtiers (Monasterium) deutlich ausdrückt. Die beiden romanischen Kirchen der heutige Hauptstadt der französischen Messerindustrie sind die Überreste dieser Abtei. Die Kirche Saint-Genès besitzt das breiteste Kirchenschiff in der Auvergne, das ursprünglich mit einem Satteldach aus Holz gedeckt war. Die Kuppel über der Vierung entspricht der Größe des Hauptschiffs und ist ein seltenes Beispiel für sie Kühnheit der damaligen Baumeister in der Provinz. Bei der jüngsten Restaurierung der Kirche wurden in der Apsis eine Freske aus dem 12. Jh., die einen segnenden Christus darstellt, sowie Mosaikfragmente der ursprünglichen merowingischen Kirche freigelegt. Die 1882 ziemlich unschön restaurierte Kirche von Le Moûtiers besitzt Kapitelle aus dem 12. Jh., auf denen die regionale Symbolik durch antike Einflüsse gekennzeichnet ist.

Freske des segnenden Christus
Unten: *Kirche Saint-Genès in Thiers*

Am Oberlauf der Dore

Der am Oberlauf der Dore gelegene, wie die Stadt Thiers auf das Messergewerbe spezialisierte Ort Courpière besitzt eine romanische Kirche, deren Kapitelle vom Meister von Le Moûtiers gezeichnet sind. Weiter flussauf liegen die Orte Arlanc und Dore-l'Eglise. In Arlanc gruppieren sich die Häuser rund um eine Kirche mit drei dreijöchigen Schiffen und einem gotischen Glockenturm, während die Kirche in Dore-l'Eglise eine schöne Fassade mit einer monumentalen Freitreppe davor besitzt.

Rätselhafte Kugeln

Die Kapitelle in der Kirche von Courpière sind sowohl recht kunstvoll, als auch originell. Eines davon zeigt zwei Figuren mit einem großen runden Gegenstand in der Hand. Handelt es sich dabei um Kinder die Ball spielen, um einen Vorläufer des heutigen Boule-Spiel oder eine uns heute unverständliche Symbolik?

Wie Gottes Zorn den Burgherrn von Belle-Fille traf

Die Kirche von Dore-l'Eglise besitzt Torflügel mit malerischen Türbändern aus dem 13. Jh. Der Erzählung nach stammen sie aus der heute zerstörten Burg namens "Belle-Fille", deren Burgherr sehr stark auf seine Vorrechte bestand. So durfte auch die Messe erst beginnen, wenn er anwesend war. Eines Tages, als der Burgherr zu lange auf sich warten ließ, begann der Priester dennoch. Als der Burgherr endlich zur Messe erschien, stürzte er sich wütend auf den Priester und tötete ihn. Aber in demselben Augenblick wurde der Mörder von einem göttlichen Blitz erschlagen, während seine Burg von einem zweiten Blitz getroffen und zerstört wurde. Wie durch ein Wunder blieben nur die Torflügel erhalten, die von der Tochter der Kirche gespendet wurden.

Oben: *Kirche von Arlanc und Dorf*
Linke Seite: Links: *Portal der Kirche von Dore-l'Eglise,* unten: *Einer der romanischen Torflügel*
Rechts: *Befremdendes Kapitell in Courpière*
Unten rechts: *Die Dreifacher Apsissaal der Kirche von Arlanc.* Links: *Apsis*

Oben links: *Kirche von Ronzières.*
Oben rechts: *Arkaden an der Kirche von Mailhat.* Kleines Bild: *Gesamtansicht der Kirche*
Unten: *Narthex der Kirche Saint-Sébastien in Manglieu*

Der Apfelbaum in Manglieu

Um das Jahr 630 herum pilgerte Magnus, ein alter und kränkelnder Mönch aus der Auvergne, nach Rom, um am Grab des Hlg. Sebastian um Genesung zu beten. Auf dem Rückweg in die Heimat mit einer Reliquie des Heiligen, der ihn wirklich heilte, verbrachte er die letzte Nacht unter einem Apfelbaum im Gebiet der Comté, an dem er seinen Beutel mit der wertvollen Reliquie darin aufhängte. Am nächsten Morgen hing der Beutel aber so hoch am Baum, dass er von niemandem erreicht werden konnte. Unter denen die es versuchten, waren auch Kranke, die dabei eine wunderbare Heilung erfuhren. Damit stand fest, dass die Reliquie hier bleiben sollte, und der Hlg. Genesius, Bischof von Clermont, gründete am Fuß des Apfelbaums eines der ersten Klöster in der Provinz. Der Name des Orts Manglieu geht auf das lateinische Magnilocensi ("groß(artig)er Ort") zurück.

Kirche von Colamine-sous-Vodable

Quadratische Kirchtürme im Hügelland

In der Region zwischen Dore und Allier ist besonders die Kirche von Saint-Dier, der einstigen Priorei von La Chaise-Dieu, deren Fassade durch ein Portal mit polychromen Wölbsteinen - wie öfters in der Region von Le Velay anzutreffen - verziert ist, sowie die ausgefallene Klosterkirche von Manglieu mit einem gestuften romanischen Narthex und einer merovingischen Apsis hervorzuheben. Die unauffällige Kirche von Mailhat gehört zu der archaischen Familie der Hallenkirchen ohne Seitenschiffe und einer Apsis, deren Nebenkapellen als Nischen in der Dicke der Mauern eingelassen sind. Schließlich sei auch die Kirche von Ronzières erwähnt, ein originelles Bauwerk aus gemischtem Stil, das der Hlg. Baudimus geweiht ist. Die Gläubigen verehren hier eine polychrome romanische Madonna aus Holz, deren Antlitz eine erstaunliche Reinheit ausstrahlt.

Apsis der Kirche von Saint-Dier
Ihr Portal im Stil der Region von Le Velay

AM OBERLAUF DER SIOULE

Der Landstrich, der die Bezeichnung "Combraille auvergnate" trägt und keinen eigentlichen Hauptort aufweist ("auvergnate", weil die Combraille auch in einen Teil der Creuse und des Bourbonnais reicht) ist ein von fließenden Gewässern - in erster Linie von der Sioule - durchschnittenes Gebiet, die z.T. tiefe Täler ins Gelände gegraben haben. Zur Zeit der ersten Christen in diesem Landstrich zogen sich verschiedene Eremiten zur Meditation in diesen verschwiegenen Teil der Provinz zurück, was später manchmal zur Gründung von teilweise bedeutenden Klöstern wie z.B. Menat und Montfermy führte. Weiter im Süden wird die Region durch die Vulkanlandschaft rauher, aber der Glaube der Bevölkerung am Fuß der Vulkane ist nicht weniger groß, wie die teilweise riesigen Pilgerscharen beweisen, die zur Wallfahrtskirche von Orcival kommen oder Notre-Dame de Vassivière auf ihrer Wallfahrt begleiten. Eine Madonna mit Kind wacht auch in den teilweise im romanischen Stil erhaltenen Kirchen von Vergheas, Comps und Heume-l'Eglise über die Gläubigen.

Kirche Saint-Léger von Montfermy über der jungen Sioule
Kleines Bild: *Madonna von Heume-l'Eglise, die hinter dem Portal über die Bewohner des Ortes wacht*

Von den Combrailles zu den Monts Dore

Die Kirche von Miremont über dem Fluss Sioule

Oben: *die Kirche Saint-Fargeon in Bourg-Lastic*
Unten: *Die große dreischiffige Kirche von Menat*

DER BEGINN DER ROMANISCHEN PLASTIK

Die romanische Plastik tauchte in der Auvergne etwa um die Jahrtausendwende auf und betraf zunächst vorwiegend die Elemente des Portals und Tympanons, wobei in der Auvergne der Dekor dieser Teil allerdings oft aus einer einfacheren, ein Satteldach symbolisierenden Querschwelle bestand, während andererseits die Kapitelle in den Kirchen einen typischen regionalen Stil wiedergeben. Sucht man nach der ältesten romanischen Skulptur in der Auvergne, so wird man zweifellos auf die Kirche von Biollet verwiesen. Dieses aus hellem Granit errichtete Bauwerk hat eine relativ ursprüngliche Gestalt - mit Säulen, die viel zu stark für die von ihnen zu tragenden Gewölbe sind, schwerfälligen Gurtbändern, die in der Provinz noch ungewohnte waren, und einem engen Chor, der aus karolingischer Zeit stammen könnte. Und nicht zuletzt die Kapitelle auf den Säulen, die eher "barbarisch" wirken. Sie stellen fremdartige Tiere und fast embryonal wirkende, sich manchmal gegenseitig umarmende Menschenfiguren dar, die häufig ein kleines Kreuz in der Hand halten. Diese Stilisierung der Figuren und das völlige Fehlen von Relief sind ein Hinweis darauf, dass die galloromanische Tradition um das Jahr Tausend herum in der Auvergne noch sehr lebendig war.

Aus Granit und Schiefer

Am Mittellauf der Sioule, die hier schöne Mäander bildet, kann man die Überreste der Kartause von Port-Sainte-Marie an einem Ort mitten in einer ursprünglichen Natur antreffen, der an die Anfänge des Christentums erinnert. Nicht weit davon liegt an der Stelle der Einsiedelei des Hlg. Brachio die Kirche Saint-Léger von Montfermy mit einer harmonischen Apsis mit kleeblattförmigem Grundriss und bewundernswerten Kapitellen, die das Werk eines Schülers des Meisters von Mozac sind. Am Westrand dieser Region macht sich bereits die Nähe des Limousin in der Kirche von Herment mit ihrer auf Gewölbezwickeln aufliegenden Kuppel sowie der Kirche von Bourg-Lastic bemerkbar, in der die Skulptur der Kapitelle wesentlich zurückhaltender gestaltet sind.

Keltische Reminiszenzen

Der Ort Saint-Ours in der Nähe von Montfermy besitzt eine romanische Kapelle, die dem Hlg. Ursus geweiht ist, der ein Glaubensgenosse des Hlg. Viktor war und über den im Übrigen nur wenig bekannt ist. Sein Name könnte die lateinische Verformung des keltischen Wortes "Orcus" sein, das eine Art Ungeheuer darstellt und auch zur Namengebung der Orte Orcival und Orcet gedient haben soll.

Kapitell in der Kirche von Biollet

Freske mit der Darstellung des Baus der Kirche von Montfermy

Oben: *Die streng anmutende Kirche von Herment (Puy-de-Dôme)*

Unten links: *Die polygonale Apsis der Kirche von Meymac (Corrèze)*
Rechts: *Bischof und kniender Gläubiger... und nackte Frauen verschlingende Ungeheuer in Meymac*

Im Limousin, dem Gebiet der Heiligen

Auch im Limousin hatte das Klosterwesen eine große Bedeutung. Damit wurde hier wie in der Auvergne die Romanik von den religiösen Orden u.a. durch den Bau von Kirchen mit den für die Provinz typischen oktogonalen Glockentürmen über der quadratische Vierung verbreitet. Eine andere Besonderheit der Bauwerke im Limousin besteht in der praktisch ausschließlichen Verwendung von Granit, der sich jedoch nur schwer zur Skulptur eignet und den Bauwerken einen nüchternen Ausdruck verleiht, der an den Stil der Zisterzienser erinnert. Andererseits wurden auch Einflüsse aus den angrenzenden Regionen eingearbeitet, insbesondere die von den Baumeistern in der Auvergne zur Reife gebrachte Technik des auf den Halbbögen der Seitenschiffe bzw. Emporen aufliegenden Tonnengewölbes des Hauptschiffs.

In der Klosterkirche von Meymac sind einige dieser architektonischen Anleihen erkennbar, aber insbesondere die dortige Schwarze Madonna weist deutlich den Einfluss der benachbarten Provinz nach. Diese Holzstatue aus dem 12. Jh. hat dennoch ihre persönliche Note, denn der Künstler stellte sie mit einer ausgefallenen Kopfbedeckung dar, die volkstümlich als "Turban" bezeichnet wird.

"Madonna mit dem Turban" in Meymac, auch "Die Ägypterin" genannt

Apsiden der Kirche von Meymac mit halbrundem Grundriss Form und halbkuppelförmigen Gewölben

Beaulieu am Kreuzweg der römischen Heerstrassen

Im Mittelalter trugen die großen Wallfahrtsorte nicht unwesentlich zur Vermischung von Menschen und Kulturen bei. Beaulieu-sur-Dordogne ist ein hervorragendes Beispiel hierfür. Der wegen seiner Reliquien aufgesuchte Wallfahrtsort in der Nähe von Rocamadour liegt nämlich am Knotenpunkt der Pilgerstraße von Aquitanien in die Auvergne und nach Conques bzw. Moissac sowie der, die von der Saint-Martial-Kirche in Limoges über Cahors und Moissac zur Saint-Cernin-Kirche in Toulouse führt. Somit kamen Pilger aus den unterschiedlichsten Gegenden zum Kloster Saint-Pierre, in dessen Architektur somit auch Einflüsse aus dem Limousin, der Auvergne und dem Quercy erkennbar sind. Dieses von den Mönchen aus Cluny aus ockerfarbenem Sandstein errichtete romanische Bauwerk besitzt im Inneren nur wenige dekorative Skulpturen. Hingegen wurde von den Bildhauern aus Toulouse, die auch in Collonges-la-Rouge, Moissac und Souillac ihr Talent bewiesen, auf der Südseite mit einem Portalvorbau geschmückt, der einen Juwel der romanischen Plastik darstellt. Unter dem Thema des Jüngsten Gerichts sind auf dem Tympanon und dem Türsturz Himmel, Erde und Hölle mit äußerst ausdrucksvollen Figuren dargestellt, inmitten deren Christus mit unerschütterlichem und abgeklärtem Ausdruck und ausgebreiteten Armen thront. Die Freiheit der Komposition und die Sorgfalt für die Details lassen vermuten, dass die Künstler aus der Region des Languedoc stammen.

Unten links: *Chor der Klosterkirche von Beaulieu (Corrèze) mit meisterhaft zugehauenen und angeordneten Natursteinen*
Rechts: *Reliquienschrein aus dem 13. Jh. in Beaulieu aus ziseliertem Kupferblech mit Email-Medaillons und Darstellung der Heiligen Drei Könige*

Portal der Kirche von Beaulieu, Gesamtansicht. Links: *Detail mit der dreifachen Versuchung Jesu*

Madonna von Beaulieu zwischen Romanik und Frühgotik
Rechts*: Darstellung eines Greises (vielleicht Jesaja) Im Türpfeiler*

Aus Basalt und Schiefer

Nicht weit von den Gipfeln des Sancy-Bergmassivs liegt die Kirche von Chambon-sur-Lac mit ihrer gedrungenen Gestalt, die auf einer Erhöhung errichtet wurde, die durch die regelmäßigen Überschwemmungen der "Couze" in Chaudefour gebildet wurde. Auf dem satteldachförmigen Türsturz des Portals ist die Steinigung des Hlg. Stefan dargestellt, dem die Kirche geweiht ist.
Die mit Schieferplatten gedeckten Häuser des einnehmenden Renaissance-Orts Besse-en-Chandesse, dessen relativer Wohlstand auf der Käseproduktion beruht, sind um die Kirche Saint-André herum gruppiert, deren Gebirgscharakter an seinen wuchtigen Proportionen und den recht rauhen Darstellungen auf den Kapitellen erkennbar ist. Bei einer aufmerksamen Studie dieser Skulpturen aus Vulkangestein kann man erkennen, dass der Hlg. Andreas auf einem lateinischen Kreuz gemartert wird und ein Mann mit einem Holzbein eine eigenartige Opferhandlung vornimmt. Hingegen richteten die Einwohner von Besse ihre Augen weit mehr auf ihre Muttergottesstatue Notre-Dame-de-Vassivière - wenn sie nicht im Sommer in ihrer Bergkapelle inmitten der weidenden Rinderherden stand.

Taufkirche in Chambon-sur-Lac
Kleines Bild: *Kapitelle auf der Außenseite*

Ein rätselhaftes Kapitell

In Chambon-sur-Lac steht auf der Seite, auf die der Friedhof verlegt wurde, ein romanisches Bauwerk besonderer Art, das als Rotonde oder auch als Taufkirche bezeichnet wird. Seine ursprüngliche Funktion ist ungewiss, der Überlieferung nach soll es sich um die Grabkapelle der Herren von Murol handeln. Viele Fragen stellt man sich insbesondere über ein Kapitell darin, das einen nackt auf einem Bett liegenden Mann darstellt, um den zahlreiche Personen stehen, die sich anscheinend sehr für seinen Fall interessieren. Stellt die Szene die Beschneidung Abrahams dar, wie im Allgemeinen vermutet wird, oder die Peinigung eines Heiligen oder gar eine medizinische Behandlung jener Zeit? Einige sind der Ansicht, dass sich die Darstellung auf dem Kapitell auf eine heidnische Kastration bezieht, denn einer der Protagonisten - orientalisch gekleidet - scheint ein Zeichen des Cybele-Kults zu tragen. Auf den Kapitellen der äußeren Säulen ist eine Figur dargestellt, die Athys, den Geliebten der Cybele darstellen könnte, wodurch diese These bekräftigen würde.

Besse-en-Chandesse (Puy-de-Dôme)

Kapitelle der Kirche Saint-André mit den Darstellungen "Opfer eines Mannes mit Holzbein", "Martyrium des Hlg. Andreas" und "Festmal des niederträchtigen Reichen"

Am 2. Juli findet eine der größten Wallfahrten in der Auvergne statt, bei der die Statue der Schwarzen Madonna "Notre-Dame de Vassivière" aus der Kirche von Besse in die Bergkapelle gebracht wird
Kleines Bild: *Die Schwarze Madonna*

Die Darstellungen auf den Kapitellen

Auf den Kapitellen der Kirchen in der Auvergne gaben die Bildhauer ihr bestes her. Dabei inspirierten sie sich aus den unterschiedlichsten Quellen. In der Auvergne sind auch noch galloromanische Einflüsse zu erkennen, die durch die gedrungene Gestalt der weite Kleider tragenden Figuren zum Ausdruck kommt. Sehr viele Themen sind aus der Antike übernommen, aber natürlich werden auch biblische Themen aus dem alten und neuen Testament sowie aus den Heiligenleben behandelt. Daneben sind jedoch auch orientalische Themen zu erkennen, z.B. bei der Darstellung von Vögeln mit langem Blätterschwanz, Löwen mit zweifachem Körper oder auch doppelköpfige Adler (Saint-Germain-l'Herm). Im Mittelalter wurde sehr häufig auch Fabeltiere und symbolische Figuren verwendet, z.B. der Affe an der Schnur, der Wucherer, der Esel als Musiker oder der Reiter auf einem Ziegenbock, die jeweils Ausdruck für das Böse, den Geiz, die Dummheit und der sinnlichen Lust sind. In ganz seltenen Fällen enthalten die Kapitelle auch namentliche Hinweise auf die Gründer, so in Volvic (Guillaume de Bezac) und Notre-Dame-du-Port (Etienne - Stefan).

Die Felsenkapelle von Jonas. Oben: *Freske mit der Verleugnung des Petrus*

In dieser Region liegt am Unterlauf der Couze Pavin der außergewöhnliche Ort Jonas, der fast vollständig aus Felsenhöhlen besteht. Neben den auf mehreren Etagen in den Tuff gehauenen Höhlenwohnungen befindet sich dort auch eine romanische Kapelle mit Fresken aus dem 11. Jh., die außerdem die ältesten in der Auvergne sind.

Im Land der Glockenwände

Die Hoch-Auvergne, die weitestgehend dem Departement des Cantal entspricht, breitet sich um ein ausgedehntes Vulkanmassiv desselben Namen aus, das durch eine Anzahl tiefer Täler durchschnitten ist. Obwohl die Viehzucht schon seit langem auch die höher gelegenen Landstriche einbezieht, ist die Bevölkerung wegen der erschwerten Lebensbedingungen in den Bergen vor allem in den Tälern anzutreffen. In der romanischen Epoche gab es in der ganzen Hoch-Auvergne noch keinen größeren Ort, sondern lediglich einige Klöster: Das von Aurillac wurde im 9. Jh. vom Hlg. Geraldus einige Jahrzehnte nach der Priorei von Mauriac und ein Jahrhundert vor dem Bau der ursprünglichen Abteikirche von Saint-Flour gegründet. Die letzte große Klosterkirche ist die von Montsalvy aus der Zeit um 1070.

Allagnon-Tal und Tor zum Cantal mit der Kapelle Sainte-Madeleine
Kleines Bild: *Die Kapelle mit ihrem Dach aus Schieferplatten*

Erinnerung an einen vorgeschichtlichen Kult

Auf den Basaltfelsen, die sich zwischen Blesle und Massiac gegenüberliegen, standen einst zwei Kapellen, die dem Hlg. Viktor und der Hlg. Magdalena geweiht waren. Der Überlieferung nach trafen sich die beiden Heiligen im Tal dazwischen, um gemeinsam zu beten, nachdem der Abstieg ins Tal durch den zur Strickleiter verwandelten Rosenkranz der Hlg. Magdalena ermöglicht wurde. Heute ist nur noch eine Kapelle aus dem 11. Jh. vorhanden, die an der Stelle des Oratoriums der Hlg. Magdalena direkt am Rand der Felswand und über einer Höhle errichtet wurde, die wahrscheinlich bereits in der Steinzeit einem heidnischen Sonnenkult geweiht war und die anläßlich der Wallfahrt, die auch heute noch jeden 22. Juli, dem Tag der Schutzpatronin, zur Kapelle der Hlg. Magdalena veranstaltet wird, mit Blumen geschmückt wird.

Hoch-Auvergne

Neben den bekannteren Stiftskirchen von Mauriac und Montsalvy sind auch noch einigen einfachere Klosterkirchen erhalten, die sich teilweise durch ihre malerischen landschaftliche Lage auszeichnen wie z.B. die Kirchen in Bredons, Brageac oder Vignonet. Die Romanik ist aber auch in den bescheidenen ländlichen Kirchen mit ihren Dächern aus rohen Schieferplatten und ihrer typischen Glockenwand anzutreffen, in denen nicht selten eine seit Jahrhunderten verehrte Madonna gehütet wird.

Oben: *Typische Bergkirche in Chastel-sur-Murat im rustikalen Stil der Bauernhäuser*
Links: *Wehrkirche von Allanche mit Befestigung*

Die Madonnen von Allagnon

Im engen Tal des Allagnon sind zwei romanische Kostbarkeiten zugleich: Die Kapelle von Vauclair, die leicht an den Stil im Limousin erinnert, und eine der bewundernswertesten Madonnen der Region in ihrem Inneren, zu der jeden 8. September eine Wallfahrt veranstaltet wird. Diese faszinierende Statue stellt die Hlg. Maria in einem reich gefalteten Kleid und mit leicht nach vorn geneigtem Gesicht dar, das eine große Milde ausstrahlt. Sie trägt das Jesuskind, das einen rätselhaften Ausdruck hat. Wie auch andere Reliquienstatuen trägt diese Madonna einen gewölbt geschliffenen Bergkristall, durch den die darin eingeschlossene Reliquie erkennbar ist.

Die Madonna von Vauclair, die der Legende nach im Flusstal gefunden wurde
Unten: *Wallfahrtskapelle Vauclair, zu der die Blinden kamen, um hier ihr Augenlicht wiederzufinden*

Murat und die Priorei von Bredons.

Die weiter flussauf gelegene Kirche von Bredons zieht den Blick von allen Seiten an, denn sie ist auf einem Lavakegel errichtet, der die Stadt Murat überragt. Sie gehörte einst zur einer um 1050 gegründeten Priorei des Klosters von Moissac und zeichnet sich durch eine sehr schöne Struktur des basaltischen Mauerwerks sowie durch das Südportal mit dreifach unterteilten Bogensteinen aus. In ihr war lange Zeit eine Statue ihres Schutzheiligen Petrus hinter dem Altar verborgen, die sich als ein wahrer Juwel der romanischen Kunst herausstellte.

MIT DEM SCHLÜSSEL DES HLG. PETRUS GEGEN DIE TOLLWUT

Die Kirche Saint-Pierre in Bredons besitzt eine mit Nägeln beschlagene Tür, deren Schlüssel lange einem seltsamen Zweck diente: Er wurde bis zur Rotglut erhitzt, um die Wunden auszubrennen, die von tollwütigen Tieren verursacht wurden...

Unten links: *Portal der Kirche von Bredons*
Unten rechts: *Kapitell mit Pflanzenmotiv*
Einer der Konsolenköpfe der Chorsäulen

Zweihundert Jahre Finsternis für Hlg. Petrus

Der eindrucksvollste Innenschmuck der Kirche Saint-Pierre in Bredons ist sein barockes Altarblatt über dem Hauptaltar. Als dieses monumentale Werk gegen 1720 errichtet wurde, musste dabei eine kleine Bucht oder Nichte zugedeckt werden, in der eine alte Statue des Hlg. Petrus stand. Der damalige Vikar der Kirche wollte zunächst dieses für ihn als primitiv angesehene Bildnis zerstören, aber als er sie herausnahm, entdeckte er eine kleine Klappe in ihrem Rücken, hinter der sich die Reliquien des Schutzheiligen befanden: "Sechs größere und kleinere Gebeine, in drei gelbe Tücher eingewickelt und mit einem Tuchstreifen zusammengebunden". Weiterhin befand sich unter der Tonsur des Heiligen ein Deckel, der eine weitere Reliquienkammer verbarg. Der Vikar stellte daraufhin die Statue wieder an ihren Platz zurück und verfasste einen Bericht über seinen Fund mit einer genauen Beschreibung der Statue, die anschließend über zwei Jahrhunderte lang im Dunkeln hinter dem Altar verborgen blieb und erst 1954 wieder entdeckt wurde. Das polychrome Kunstwerk steht heute im Museum von Saint-Flour.

Statue des Hlg. Petrus, der sicherlich einen Schlüssel in der linken Hand trug

Chor der Kirche Saint-Pierre in Bredons mit barockem Altarblatt

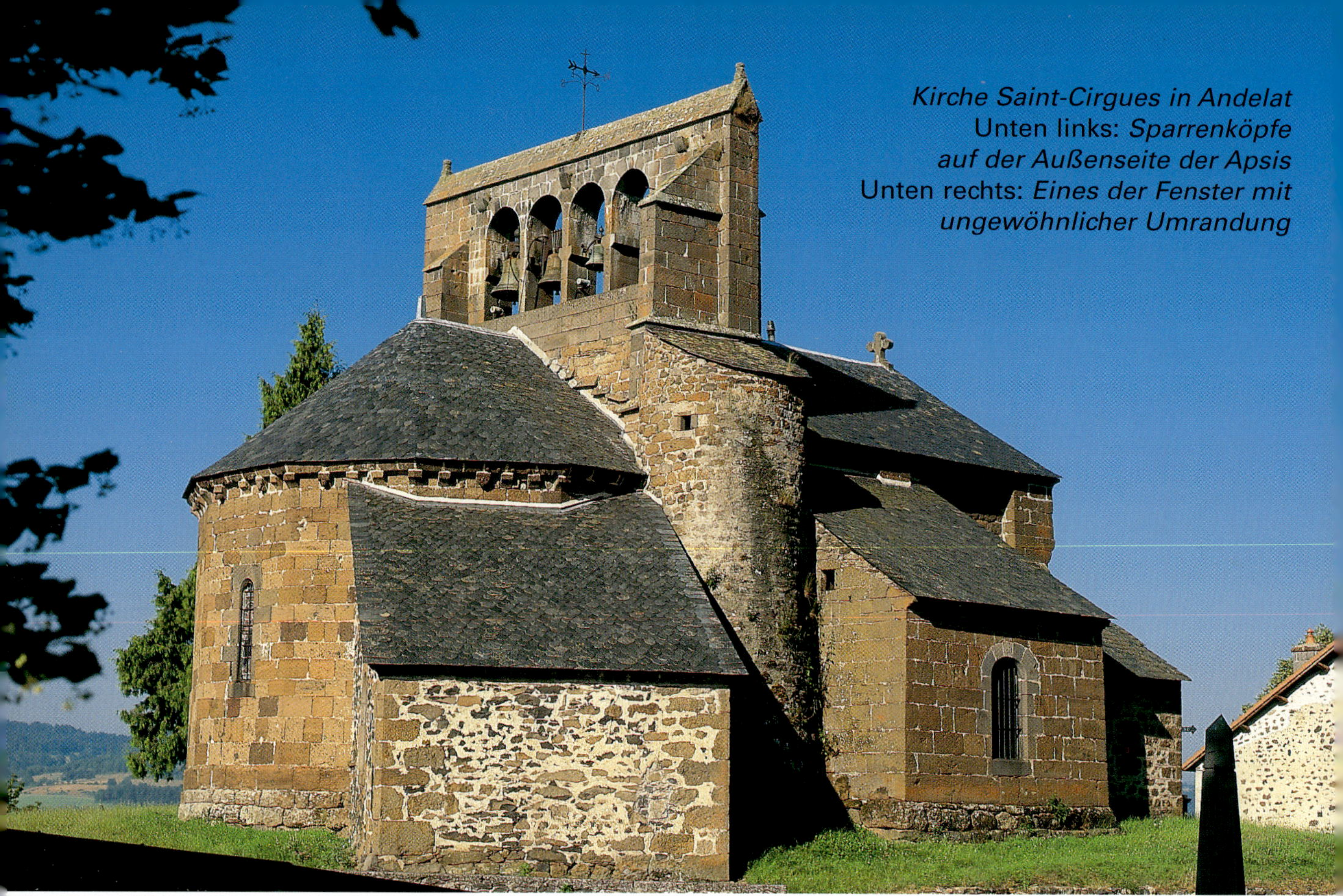

Kirche Saint-Cirgues in Andelat
Unten links: *Sparrenköpfe auf der Außenseite der Apsis*
Unten rechts: *Eines der Fenster mit ungewöhnlicher Umrandung*

Kirchen mit Glockenwänden

Die Hochfläche der Planèze um Saint-Flour herum wurde mehrfach von Krieg und Zerstörung heimgesucht, insbesondere im Hundertjährigen Krieg. Henri Pourrat beschrieb sie als eine "Ebene wie die Beauce, aber rauh und entblößt, vom Nordwind ausgesetzt und von krächzenden Krähen bevölkert...". Dies erklärt, warum hier nur wenige religiöse Baudenkmäler aus der romanischen anzutreffen sind. Dadurch wird jedoch der Wert der Kirchen von Andelat und Roffiac nur noch erhöht, die beide sehr typisch für den Baustil in diesem Landstrich des Cantals sind. Beide haben keinen eigentlichen Glockenturm, sondern eine Glockenwand mit vier Arkaden über dem als Triumphbogen gestalteten Zwischenbau zwischen Hauptschiff und Chor. Letzterer besitzt ebenfalls eine Eigenheit: er ist außen vieleckig und innen rund, und die Nebenkapellen sind in die dicken Seitenwände eingelassen.

Die Kirche von Chalinargues

Die Kirche von Roffiac
Links: *Ein Kapitell im Apsis*

Der schwarze Christus am Kreuz

Der "Schöne schwarze Christus" in der Kathedrale von Saint-Flour - die einzige schwarze Christusfigur in Frankreich - befindet sich auf dem Pfeiler links vom Choreingang. Die Statue in natürlicher Größe aus dem 13. Jh. ist das Werk eines unbekannten Meisters. Sie besitzt eine vollendete Harmonie, und der Gesichtsausdruck, majestätisch und mitleidsvoll zugleich, ist von einer selten erreichten Ausdruckskraft. Erst um die Mitte des 19. Jh. wurde aus unerklärlichen Gründen die ursprüngliche polychrome Bemalung der Statue mit diesem einheitlichen Schwarz überzogen.

Oben rechts: *Kirche von Saint-Hippolyte, Ausgangspunkt der Wallfahrt zur "Font-Sainte"*
Oben links: *Die Bergkirche von Dienne*
Mitte: *Kapitell "Die Sinnenlust" in Dienne*

In den Bergen der Sommerweiden

Die romanischen Kirchen im gebirgigen Cantal zwischen Murat und Mauriac mit ihrer gedrungenen und schmucklosen Form sind ein beredter Ausdruck für Lebensweise der hiesigen Bewohner. Nicht nur der als Baumaterial verwendete dunkle Vulkanfels trägt zu dem strengen Eindruck bei, sondern auch der nüchterne Dekor und die oft fensterlose Fassade. Das Portal ist auf der Südseite angebracht und oft durch ein Vordach geschützt oder tief nach innen versetzt. Als Musterbeispiel ist die Kirche von Dienne zu nennen, die die höchsten Gipfel des Cantals mit ihren zerrissenen Basaltfelsen als Kulisse hat und in der ein romanischer Christus aus Holz aufbewahrt wird.

In diesen Bergen entsprechen oft auch die religiösen Riten einer uralten Lebensgewohnheit. So wird z.B. im Sommer die Madonna der Hirten beim Almauftrieb mit dem Vieh zur Bergkapelle von Font-Sainte und Mitte Oktober wieder ins Tal gebracht, um den Winter in der Kirche von Saint-Hippolyte zu verbringen. Der kleine Ort Riom-es-Montagnes entstand um ein Kloster herum, von dem noch die Kirche Saint-Georges im romanischen Stil des Cantals erhalten ist, die jedoch gleichzeitig auch als Wehrburg diente, wie der als Glockenturm ausgebaute Burgturm beweist. Die Kapitelle im Chor stellen mysteriöse Reiter mit archaischen Schildern dar.

Links: *Kirche von Cheylade mit Chorhaus, Apsis und Nebenapsiden aus der romanischen Epoche*

Volkstanzszenen aus dem 12. Jh.

Auf vier der Kapitelle in der Kirche von Menet sind interessante Tanzszenen aus der romanischen Epoche dargestellt. Die Darstellungen zeigen sich im Kreis drehende Frauen in weiten Kleidern mit fliegenden Zöpfen sowie bärtige Männer, die ein dem Kilt ähnliches Beinkleid tragen. Die einen halten die Hände in die Höhe, die anderen auf der Hüfte, so dass man unmittelbar an den noch heute so getanzten Volkstanz "Bourrée auvergnate" denkt. Daneben tragen zwei der untereinander tanzenden Männer viereckige Gegenstände, was eher wie eine Kampfübung aussieht, woraus man auf eine Art Kriegstanz schließen kann. Einer der Männer - vielleicht ein Maurermeister - trägt über seinem "Kilt" eine mit einem Stern geschmückte Schürze.

Kirche Saint-Pierre in Menet, die einzige mit einem geschlossenen Glockenturm im Cantal

Rechts: *Detail an der Apsis der Kirche von Riom-ès-Montagnes, deren Dekor - geschnitzte Sparrenköpfe und Tonnenbänderdekor - mit dem der Kirchen in der Nieder-Auvergne vergleichbar ist*
Unten links: *Hauptschiff der Kirche Saint-Georges in Riom-ès-Montagnes mit Tonnengewölbe und Gurtbogen*
Unten rechts: *Kapitell "Reiter mit Schildern"*

Kirche von Trizac mit einfacher Apsis

Kirche von Saignes mit Einflüssen aus dem benachbarten Limousin im Dekor

DIE KRIPPEN JESU

"Auch die romanische Kunst ist wie eine Quelle. Daraus ergibt sich eine einzigartig reiche Auswahl an für die Ewigkeit gehauenen Steinen, geschnitzten schwarze Madonnen, Weihwasser- und Taufbecken einer tief christlichen Bergbevölkerung (...). Es gibt tausend Dinge zu entdecken zwischen Orcival, Saint-Myon und Châtel-de-Neuvre. Und Dutzende anderer zu übergehen. Diese weite zerstreuten Gotteshäuser entsprachen der Aufteilung des Bodens in kleine Wald-, Feld- und Weideflächen. Die ländliche Bevölkerung war sich des Wertes jedes Augenblicks ihres irdischen Daseins zwischen Geburt und Tod sehr wohl bewusst. Diese Kapellen sind die Krippen Jesu, der zwar zehn Jahrhunderte zuvor und in einer anderen Krippe zur Welt kam, aber für die Einwohner dieser Region sehr nahe ist."

Patrick Cloux, Auvergne immense et libre

SALGUEBROU !

Der Eingang der Kirche von Ydes besteht aus einem relativ einfachen Portal, dessen Dekor aus einer Gruppe von Drachen besteht, die sich unter dem Widerlagspfeiler des Portals krümmen und vor allem einer als hervorgehobenes Relief dargestellten menschlichen Figur, die aus dem Tympanon herausragt. Deren Kopf, der einen Schrei auszustoßen scheint, wurde in dem Gebiet als Dämon angesehen und mit dem Namen "Salguebri" oder "Salguebrou" versehen, was dem Ausdruck "Sauve-toi... brr!" ("Rette dich!") entspricht. Fachleute nehmen an, dass es sich um die Illustration eines Auszugs aus der Apokalypse handelt, in der es heißt: "Da vernahmen die Erdbewohner eine mächtige Stimme, die vom Himmel kam".

Apsis der Kirche Sainte-Croix in Saignes mit phantasievoll ausgebildeten Sparrenköpfen
Oben links: *Sparrenkopf "Die Verliebten"*

Bildhauer mit Temperament

Wie in der Kirche Notre-Dame-des-Miracles von Mauriac bewiesen die mittelalterlichen Bildhauer in fast jeder Kirche zwischen Sumène und Maronne, dass sie nicht nur Begabung, sondern auch sehr viel Phantasie hatten, so dass man sich heute über die Bedeutung verschiedener Darstellungen Fragen stellt. In Saignes reichen die Skulpturen auf den Säulenbasen, Kapitellen und Sparrenköpfen vom wilden Löwen bis zum sich zärtlich umarmenden Liebespaar. Die Kirche von Ydes besitzt einen Portalvorbau, der dem der Kirche von Beaulieu-sur-Dordogne kaum nachsteht: Er ist von Basreliefs eingerahmt, die Mariä Verkündigung und Daniel in der Löwengrube darstellen.

Schmiedeeiserne Türbeschläge am Portal der Kirche von Lanobre
Unten: *Kirche Saint-Georges in Ydes*
mit kunstvoll aus hellem Stein geformter Kuppel im Chor
Rechts: *Apsis der Kirche von Ydes*

Unten links*: Mariä Verkündigung am Portalvorbau der Kirchen von Ydes*
Unten Mitte: *Sparrenköpfe und Kapitell "Samson und der Löwe"*
Unten rechts: *Romanische Deckelkapsel für Hostien*
aus dem Kirchenschatz von Ydes

Gesamtansicht von Salers

Mauriac, im Schutz der Basilika Notre-Dame-des-Miracles

Die westlichen Hochflächen des Cantals gehören seit jeher zum Einzugsbereich der historischen Stadt Mauriac, deren Entstehung auf ein Klosters zurückgeht, das der Legende nach von einer Tochter Chlodwigs (5.-6. Jh.) gegründet wurde. Dieses dem Hlg. Petrus geweihte Kloster hing jedoch von dem entfernten Sens ab, was den Bischof von Clermont dazu veranlasste, in unmittelbarer Nähe davon ein zweites Kloster mit einer Liebfrauenkirche zu bauen. Die Konflikte zwischen den beiden Klöstern, den hiesigen Adligen und Einwohner nahmen kein Ende, so dass schließlich der Papst selbst einschreiten musste. Im Laufe der Geschichte wurde das Kloster Saint-Pierre zerstört, und bei den jüngsten Ausgrabungen wurden lediglich die Kapelle Saint-Benoît sowie einen herrlichen Kapitelsaal aus dem 11. Jh. zutage gelegt. Die Basilika Notre-Dame-des-Miracles hingegen, obwohl mehrfach erheblich restauriert, ist nach wie vor eines der schönsten romanischen Bauwerke in der Hoch-Auvergne. Sie besitzt insbesondere ein herrliches Portal mit dem einzigen Tympanon im Cantal, der Mariä Verkündigung zum Thema hat, einem Meisterwerk aus der Schule des Languedoc.

Portal der Kirche von Salers mit dreifachen Bogensteinen. Kapitell am Westtor von Saint-Martin-Cantalès

Oben rechts: Notre-Dame-des-Miracle in Mauriac, das größte romanische religiöse Bauwerk in der Hoch-Auvergne
Oben links, *Westportal zwischen zwei gedrungenen Türmen aus dem 17. Jh.*

Rechts: *Christusfigur am Westportal, die der Darstellung auf dem Nordportal der Kathedrale von Cahors sehr ähnlich ist*

Unten links:
Kirche von Anglards-de-Salers, ohne Querschiff - ungewöhnlich für den romanischen Baustil in der Auvergne
Unten rechts: *Romanisches Taufbecken in Mauriac, eine Seltenheit in der Auvergne*

Scheibenkreuz von Tourniac aus dem 13. Jh. mit starker romanischer Prägung

Links: *Chor der Kirche Saint-Martin in Jaleyrac mit Freske des Christus als Weltenherrscher*
Rechts: *Detail aus dem gotischen Portalvorbau der Kirche von Pleaux, deren Skulpturen romanisch geblieben sind*

Die romanischen Kreuze im Cantal

An den Wegen, Kreuzungen, Brücken, Pässen und Brunnen, auf den Gipfeln, Plätzen und Friedhöfen in der Auvergne sind unzählige Kreuze anzutreffen, von denen jedoch nur noch wenige aus der romanischen Epoche erhalten sind. In der Hoch-Auvergne sind noch die meisten Flurkreuze aus der Romanik vorhanden. Drei von ihnen lassen sich mit Sicherheit datieren. In Montsalvy in der Nähe von Boutelongue steht das der Hlg. Anna geweihte Kreuz, ein Scheibenkreuz aus Granit aus dem 11. Jh. auf einem abgerundeten Sockel, das die Besitzgrenze des vom Hlg. Gausbert gegründeten Klosters darstellt. Das "Kreuzfahrerkreuz" an einer Wegkreuzung in Pleaux ist ein robustes Malteserkreuz und ein Beweis dafür, dass der Templerorden seit dem 12. Jh. in der Region vertreten war. Das "Kreuz von Chaussenac" in Cussac-Xaintrie in de Nähe des Klosters von Brageac stammt aus derselben Epoche und steht ebenfalls an einer Kreuzung. Es hat die Form eines Scheibenkreuzes mit Einschnitten, auf dem Christus nach der Tradition der Bildhauer im Languedoc mit gekreuzten Füßen dargestellt ist.

Oben: *Kirche von Brageac in einem Rahmen unberührter Natur*
Rechts: *Reliquienkreuz aus dem 13. Jh. im Kirchenschatz von Brageac*

Verborgene Schätze

Bei der kürzlichen Restaurierung der Kirche von Jaleyrac wurden bildnerische Darstellungen anderer Art aus der romanischen Epoche entdeckt, die heute zu den interessantesten im ganzen Cantal zählen nämlich sehr schöne mittelalterliche Fresken. Nicht weit davon liegt die bescheidene Kirche von Moussages, in der die "Madonna von Claviers" steht, die als die bemerkenswerteste Marienstatue in der Hoch-Auvergne angesehen wird. Der Legende nach wurde sie vom Burgherrn von Scorailles gespendet, bevor er sich im Jahre 1098 auf den Kreuzzug begab. Sie scheint jedoch eher aus dem 12. Jh. zu stammen. Was jedoch sicher ist, ist die Tatsache, dass die Burgherren Gui und Raoul de Scorailles auf ihrer Rückkehr aus dem Gelobten Land die Gründung eines benediktinischen Frauenklosters in Brageac bewirkten. Die herrliche Klosterkirche über der Schlucht der Auze ist hinsichtlich Architektur und dekorativer Ausstattung ein Musterbeispiel für die Romanik der Region.

Rechts: *Die Madonna von Moussages, die früher jeden Sommer zur Kapelle von Jailhac gebracht wurde*

Die schwarze Madonna der Maronne

Hoch über dem Tal der Maronne liegt das Dorf Saint-Christophe, das einst zwei Burgen besaß, von denen jedoch nur noch die romanische Schlosskapelle der einen erhalten ist. Mit ihrer Glockenwand und ihrem Dach aus rohen Schieferplatten ist sie geschützt in einer Vertiefung zwischen den Felsen verborgen und besitzt eine der schönsten Schwarzen Madonnen im Cantal. Auch wenn das Jesuskind auf ihrem linken Arm mit seinen mandelförmigen Augen etwas befremdend wirkt, ist diese romanische Madonna mit großer Wahrscheinlichkeit das Werk eines hiesigen Künstlers. Die Madonna wurde lange von Wallfahrern verehrt, die die in den Fels gehauene Treppe zur Kapelle Notre-Dame-du-Château auf den Knien hinaufstiegen.

Kirche von Girgols, typisch für den westlichen Cantal

Kirche von Tournemire mit einem romanischen Portalvorbau

Kirche von Jou-sous-Montjou mit Glockenwand über dem Triumphbogen im Inneren

Unten: *Kirche von Lascelles, charakteristisch für das Tal der Jordanne*

STARKE MAUERN AUS DUNKLEM STEIN

"Die Auvergne ist ein winterliches, sturmzerzaustes und bergisches Land. Um sich vor der Dunkelheit, dem Regen, dem schrecklichen Sturm zu schützen, drängten sich die Bewohner wie Schafe zusammen, bauten eine dicke und dunkle Mauer um sich herum, aus der manchmal eine berühmte Burg wie Tournoël, eine Wehrkirche wie Royat oder eine große Galgenwand wie in Allègre entstand, die alle eines gemeinsam haben - den romanischen Baustil der Region."

Alexandre Vialatte,
Dernières nouvelles de l'Homme. *Juillard*

Kirche Saint-Pierre in Vic-sur-Cère

ERINNERUNG AN DEN HLG. GERALDUS

Die Stadt Aurillac verdankt ihre Entstehung dem "Guten Grafen Gerald", der um das Jahr 900 herum im Schutze seiner Burg an der Jordanne ein Kloster gründete, das direkt von Rom abhing. Es wurde bald wohlhabend, mächtig und einflussreich und hatte den Verdienst, mit Odon, seinem zweiten Abt in Cluny und Gerbert, einem ehemaligen Schafhirten aus der Hochfläche der Planèze, den ersten französischen Papst der Christenheit zu stellen. Da sich Aurillac zur zweitgrößten Stadt der Diözese entwickelte, erhielt sie eine große neue Kirche im romanischen Stil, die von Papst Urban II. im Jahre 1095 geweiht wurde. Nur noch einige Steine und Skulpturen sind von dieser Kirche erhalten und in der Kapelle Saint-Géraud aufbewahrt.
Ein paar Kirchen in der Umgebung bezeugen jedoch noch die damalige Blütezeit des Klosters Saint-Géraud, insbesondere die Kirche von Lascelle, einer damaligen Priorei, oder die Kirchen von Girgols und Laroquevieille in derselben Region des Cantal.

Unten: *Statue des Hlg. Geraldus aus dem 17. Jh. mit einem Modell seines Klosters in der Hand*
Rechts: *Der Schlangenbrunnen aus dem einstigen Innenhof des Kreuzgangs von Saint-Géraud*
Unten rechts: *Samson auf einem der frühromanischen Kapitelle in der Klosterkirche*

Kirche Saint-Géraud in Aurillac, Nachfolgerin eines in den Religionskriegen zerstörten romanischen Bauwerks

Apsis mit Arkaden der Kirche von Saint-Urcize
Stiftskirche von Montsalvy
mit den Gebäuden der Priorei

Links: *Krummstab des Hlg. Caesarius in Maurs*
Mitte: *Scheibenkreuz von Montsalvy*
Rechts: *Christus in der Stiftskirche von Montsalvy*

Die Etappen der Pilger

Am südlichen Rand der Hoch-Auvergne liegen mehrere Orte, durch die Pilger auf der Fahrt nach Santiago de Compostella Etappe machten, um am Grab des Hlg. Geraldus, den Reliquien des Hlg. Caesarius in Maurs oder denen des Hlg. Georg und der Hlg. Fidelia in Conques zu beten. Daher weist die Kirche von Saint-Urcize, die als einzige im Cantal einen Chorumgang besitzt, einen Baustil auf, der aus einer Mischung aus den Regionen Rouergues und Auvergne besteht, wie auch die Kirche von Montsalvy, die einzige romanische Kirche in der Châtaigneraie ("Kastanienregion"). In der Kirche Saint-Pierre in Maurs ist die Reliquienbüste des Hlg. Caesarius aufbewahrt, der einst Bischof von Arles war, ein sehr ausdrucksvolles Bildnis, das in dieser Hinsicht mit der Statue der Hlg. Fidelia in Conques ebenbürtig ist.

"Von Felsen und Träumen..."

"Die etwas tiefer gelegene Kirche von Saint-Urcize ist eine der schönsten romanischen Kirchen im Cantal. Ihre Apsis mit Radialkapellen und Lichtöffnungen, ihre bunten Mosaiken erwecken den Eindruck, dass sie von selbst aus dem Fels gewachsen oder aus einem Traum entstanden sei. Dabei ahmten die Baumeister doch nur die umgebende Natur mit ihren Hummelnestern, Schneckenhäusern, Blumenbüscheln in den Aufhäufungen von runden Steinen nach. Und einzelne alte Häuser in den engen Gassen scheinen ebenfalls wie von selbst entstanden zu sein, wie wenn ein Berggeist den Maurer und Zimmermann eingeschläfert und deren Traum verwirklicht hätte."

Henri Pourrat, En Auvergne. *Arthaud*

Reliquienbüste des Hlg. Caesarius aus Silber und vergoldetem Kupfer mit Edelsteinen (Smaragd, Saphir, Topas), Elfenbein und getöntem Glas

"Der Glanz der dunklen Augen, die starke Nase, das ausgeprägte Kinn, die enormen Hände - die eine segnend, die andere grüßend - sind bewusst so gestaltet, um von weitem erkennbar zu sein, wenn die Statue bei Prozessionen auf den Schultern der Gläubigen durch die Straßen getragen wird. Hier aber, in ihrer schimmernden Bewegungslosigkeit, ist der Eindruck halluzinierend und beeindruckend."

Jean Anglade,
Auvergne. *Nathan*

Kapelle von Saint-Ilpize an einem der schönsten Orte über dem Allier
Moderne Pilger auf dem Weg nach Santiago de Compostella
Statue des Hlg. Jakob aus dem 15. Jh. in einer Nische in der Basilika Saint-Julien in Brioude

DIE ETAPPEN DER PILGER

Die Gläubigen, die sich heute auf die Pilgerfahrt nach Santiago de Compostella begeben, finden noch zahlreiche Zeugnisse der Pilger aus den vorhergehenden Jahrhunderten vor, insbesondere auf der Via podensis (von Le Puy aus), einer der am häufigsten eingeschlagenen Strecken. In Le Puy befindet sich zunächst ein Oratorium in der Rue Saint-Jacques, das natürlich dem Hlg. Jakob geweiht ist. Danach gelangt der Pilger vom "Pilgerkreuz" in Le Chier zu dem in Monistrol-d'Allier mit einer Darstellung eines Pilgers in seiner traditionellen Bekleidung, anschließend gelangt er zur Kapelle Saint Jacques in Saint-Privat-d'Allier und weiter nach Saugues, wo er um den Schutz der dortigen Madonna beten kann. Damals fürchteten die Pilger nicht nur Wölfe und Räubern, sondern auch Nebel und Schneetreiben auf den Anhöhen des Aubrac. In dem Ort mit demselben Namen hängt noch heute die "Glocke der Verirrten", die damals bei Nebel geläutet wurde. Danach folgt der Weg verschiedenen Flussläufen bis ins Tal des Aveyron, wo er bequemer wird, aber die Etappen noch lange nicht enden, sondern aufeinander folgen, wie z.B. ein Steinkreuz auf der Brücke über die Boralde in Saint-Chély beweist, auf dem ein Pilger dargestellt ist, oder die hochgotische Statue des Hlg. Jakob auf dem Portalvorbau der Kirche von Estaing.

VON BRIOUDE ZUR PILGERSTRASSE NACH SANTIAGO

Brioude, ein gewaltiger Reliquienschrein aus Stein

Das Grab des Hlg. Julian

Der Hlg. Julian in Brioude wurde in den vergangenen Jahrhunderten nahezu ebenso sehr verehrt wie der Hlg. Martin in Tours, woraus sich erklärt, warum die Basilika von Brioude die bedeutendste romanische Kirche in der Auvergne ist. Der Ort trat im Jahre 304 in die Geschichte ein, als ein römischer Soldat namens Julianus sich zum Christentum bekehrte und aus der Stadt Vienne in die Auvergne flüchtete, wo er jedoch gefangen und enthauptet wurde. Sein Haupt wurde nach Vienne zurückgebracht und neben seinem Glaubensbruder Ferréol beerdigt, während der Körper des Hingerichteten von zwei Greisen, Arcons und Ilpize, in Brioude beerdigt wurde, worauf diese auf wunderbare Weise ihre Jugend wiedererhielten. Aufgrund dieses Wunders kamen später zahlreiche Pilger nach Brioude, das gleichzeitig auch auf der Pilgerstraße von Le Puy über Saint-Gilles nach Santiago de Compostella lag. Das 11. und 12. Jh. bildeten den Höhepunkt der Pilgerfahrten, und bereits vor dem Bau der heutigen Kirche Saint-Julien durch das Kapitel der gräflichen Kanoniker wurden hier bereits mehrere Kirchen gebaut und Reliquienschreine um das Grab des Hlg. Julian aufgestellt, dessen Krypta noch vorhanden ist. Der Bau der Basilika enthält alle Nuances des Gesteins in der Auvergne - roter Buntsandstein, Kalkstein, schwarzbrauner und dunkelroter Basalt, Granulit, grauer und rosafarbener Marmor, sowie die vielfarbigen Ziegel des Glockenturmdachs und das für die Auvergne typische Mosaik auf der Hauptapsis. Die Hauptapsis und die fünf Radialkapellen bilden ein harmonisches Ganzes und stellen das letzte große romanische Bauwerk in der Auvergne dar.

Südportal mit den ursprünglichen romanischen Eisenbeschlägen und bronzenen Türklopfern

Kirche Saint-Julien in Brioude, die bekannteste romanische Kirche in der Auvergne
Kleines Bild: *Betender Engel auf einer der Radialapside*

"Wer empfindet nicht die starke und einfache Schönheit dieser soliden, stämmigen und trotzigen Kirchen, deren äußerer Aufbau keinen aufgesetzten Dekor bildet, sondern den inneren Aufbau widerspiegelt. Von der Apsis mit ihren sich eng an die Masse des Bauwerks anschmiegenden radialen Nebenapsiden erwecken sie einen bewegenden Eindruck von Festigkeit und Einheit."

Paul Bourget, Le Démon de midi

Das mit Flusskieseln aus dem Allier gepflasterte Hauptschiff der Kirche Saint-Julien in Brioude besitzt sehr unterschiedliche Kapitelle, die ein beweis für das langsame Voranschreiten der Bauarbeiten sind, die sich über vier ganze Generationen hinzogen

Die Lebenskraft der L'Auvergne

"Eine Region unter vielen anderen, aber eine Region der Extreme, mit rauhen Felsen und mit lieblichen Ebenen, die üppigste von allen und die wildeste unter allen, die nicht an den Grenzen liegen (...). Gerade weil sie so viele Gegensätze aufweist, ist die Auvergne ein wirklich großartiger Landstrich. Romanik, Volkstum und Jansenismus drücken ein und dieselbe Lebenskraft auf unterschiedliche Weise aus - manchmal zurückhaltend und manchmal überschwänglich."

Henri Pourrat,
Ceux d'Auvergne. *Albin Michel*

Ein fein geschmücktes Inneres

Die Basilika besitzt zunächst eine herrliche Eingangshalle mit einer Empore, die den ältesten und architektonisch interessantesten Teil der Kirche darstellt. Dahinter liegt das prächtige Hauptschiff, in dem die berühmten Kapitelle das Hauptaugenmerk bilden. Unter den Darstellungen findet man auf der Leier spielende Esel, Meerjungfrauen und Minotaurusfiguren. Bei den jüngsten Renovierungsarbeiten wurden das ursprüngliche Bodenpflaster aus bunten Kieselsteinen aus dem Flussbett des Allier sowie wertvolle romanische Fresken, insbesondere eine Darstellung mit den Reitern der Apokalypse und Heiligen in den Deckengewölben von zwei Nebenapsiden und einem Jüngsten Gericht in der Narthex-Kapelle zutage gelegt.

Freske aus dem 13. Jh. an der Decke der Kapelle Saint-Michel auf der Empore des Narthex der Kirche Saint-Julien in Brioude: Christusbild als segnender Weltenherrscher (Majestas Domini), Bestrafung der bösen Engel und Triumph der Tugenden über die Laster. Rechts: *Einer der Konsolenköpfe als gekröntes Haupt*

Berühmte benediktinische Frauenklöster

Mit Lavaudieu und Blesle besitzt die Region um Brioude zwei der interessantesten Bauwerke aus der Romanik. Das in einem malerischen Dorf gelegene Kloster von Lavaudieu ist das einzige in der Auvergne, das die frz. Revolution ohne Zerstörung überlebte. Sein Kreuzgang zwischen dem Refektorium und der Abteikirche mit seinen unregelmäßigen rustikalen Säulen und der Holzempore darüber ist Ausdruck größter Schlichtheit. Das Kloster wurde wahrscheinlich gerade wegen seiner Einfachheit verschont, aber diese verstärkt nur noch den Eindruck der inneren Harmonie, den der Besucher im "Tal Gottes" erhält.

Freske im Refektorium des Klosters von Lavaudieu mit einem gewaltigen Christusbild und den Symbolen der vier Evangelisten auf beiden Seiten
Detail der Apostel, die unten auf der Freske links und rechts der Hlg. Maria stehen

EIN GANGSTOR IN AUZON

Die hoch über dem Ort auf einem Felsen errichtete Kirche von Auzon mit einem der schönsten romanischen Christusbilder der Region im Inneren wird über zwei in Treppen endende Schrägrampen auf der Südseite erreicht. Wie in Brioude befindet sich an der Stelle, an der sie zusammentreffen ein Eingangstor ("ganivelle"), auf dessen Kapitellen die Geburt Christi dargestellt ist. Die Torflügel der dahinter liegenden Kirche stammen noch aus der romanischen Epoche und besitzen schöne Beschläge aus Schmiedeeisen und Nägeln, von denen jeder einen anderen Kopf aufweist.

DIE VERLOBTEN DES KLOSTERS

Der Hlg. Robert gründete das zum Benediktinerorden gehörende Frauenkloster von Lavaudieu im Jahre 1058, kurz nach der Gründung des Klosters von Chaise-Dieu. Der Überlieferung nach wollte er damit verhindern, dass sich die Liebe zwischen Simon de Crépy, dem Grafen von Bar-sur-Aube, der seinen Eintritt ins Kloster Chaise-Dieu beantragte, und seiner Braut Judith, Tochter des Grafen der Auvergne - eben des Hlg. Robert - wieder entzünde, die in dem für Nonnen vorgesehenen Gebäude neben dem Männerkloster wohnte. Die beiden Personen sind zwar der Wirklichkeit entnommen, aber die geschichtlichen Daten widersprechen der Erzählung, denn Judith trat nachweislich erst 1077 ins Kloster von Lavaudieu ein.

Blesle, die Kirche der edlen Damen

Der am Rand des engen Alagnon-Tals gelegene Ort Blesle besitzt eine sehr schöne romanische Abteikirche in der historischen Altstadt. Die Architektur der Kirche ist sehr komplex und reicht von der Karolingerzeit bis zur Spätromanik. Dasselbe gilt für die dekorativen Elemente vom Altar aus Marmor - eine Spende des Papstes an die Gründerin des Klosters im Jahre 865 - über eine große polychrome Madonnenstatue bis zu den mit dicken Nägeln bewehrten Torflügeln aus dem 12. Jh. Das dem "Chor der edlen Damen" gegenüber erhöhte Hauptschiff sollte bei der Messe eine Trennung zwischen den adligen Nonnen und dem einfachen Volk bewirken.

Links: *Notre-Dame du Cheylat, Madonna aus dem 13. Jh. im Kirchenschatz von Blesle*
Unten: *Chor der Kirche Saint-Pierre in Blesle*

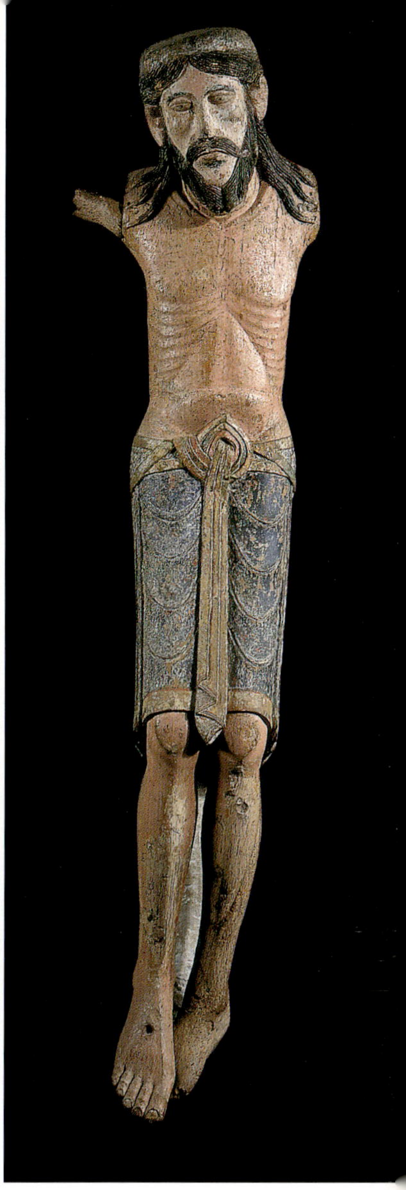

Romanischer Portalvorbau mit Bogensteinen über dem Südportal
Kruzifix aus polychromem Holz im Kirchenschatz von Blesle

Ein eigenartiger Kirchendekor für fromme Kanonikerinnen

Im Jahre 870 gründete Ermengard, Gemahlin des Grafen der Auvergne Bernard II. ein dem Hlg. Petrus geweihtes Frauenkloster in Blesle. Bis zur frz. Revolution hatten die Kanonikerinnen, die sich dort ablösten, romanische Skulpturen vor Augen, die den heutigen Betrachter etwas überraschen. Die Kapitelle an den Fenstern des Chors zeigen abwechseln biblische Szenen und phantastische Vogelwesen mit sich kreuzenden Schnäbeln, wilde Löwen, geflügelte Greife und doppelschwänzige Meerjungfern. Noch erstaunlicher sind die außen befindlichen Kapitelle mit Darstellungen von geflügelten Drachen mit verschlungenen Hälsen und verknoteten Schwänzen, zwei kämpfenden Rittern, von denen einer seltsam zweigeschlechtig erscheint und vor allem eine Frau mit üppiger Brust, die eine Schlange und einen Salamander nährt. Auf der einen Seite krallt sich der Salamander mit den Hinterbeinen an den Lippen und Schenkeln eines nackten Mannes fest, der eine Grimasse schneidet und eine Krone trägt, während auf der anderen Seite die Schlange aus dem Mund eines zweiten, ebenfalls nackten Mann kriecht, der einen Bettel- oder Knappsack trägt. Die Darstellung ist wahrscheinlich eine Abwandlung der traditionellen Themen der sinnlichen Lust und des Geizes.

In den Schluchten des Allier

Das tief in den vulkanischen Fels eingeschnittene Tal des Allier besitzt eine ganze Reihe von mittelalterlichen Bauwerken, die der Verteidigung oder dem Gebet dienten. In Saint-Ilpize sind die beiden Funktionen vereint, wo inmitten der Ruinen der einstigen Burg der Dauphins der Auvergne nur noch die Burgkapelle steht. Weiter flussauf liegt die Ortschaft Chanteuges, deren Abteikirche auf einer Lavazunge am Ufer des Allier errichtet ist. Die Kapitelle der Kirche sind sehr kunstvoll und scheinen aus derselben Künstlerwerkstatt zu stammen wie die in der Kirche von Brioude. Sie stellen Adler mit ausgebreiteten Schwingen, Lämmer tragende Personen und Atlanten sowie den häufig angetroffenen Wucherer dar. Ebenso malerisch ist die Kapelle Sainte-Marie-des-Chazes, die an einem einsamen Ort unter einem eindrucksvollen Basaltfelsen steht, sowie das Dorf Prades mit seiner romanischen Kirche inmitten einer vulkanischen Landschaft.

Oben links: *Prades im Tal des Allier*
Oben rechts: *Kapelle Saint-Ilpize auf einem Felsen aus Vulkangestein*
Links: *Christus von Lavoûte-Chilhac mit byzantinischem Einfluss aus der Kirche Sainte-Madeleine des Hospizes für Leprakranke in Chilhac*
Unten: *Wallfahrtskapelle Sainte-Marie-des-Chazes in der unberührten Natur des Allier-Tals*

Chanteuges hoch über dem Allier-Tal und Saint-Arcons jenseits des Tals
Abteikirche von Chanteuges in ihrer gedrungen Form als Ergebnis einer Restaurierung im 15. Jh.
Ansicht von Chanteuges
Unten: *Drei Kapitelle der Kirche von Chanteuges:*
"Ruhe nach dem Sturm", "Lämmerträger" und "Adler mit ausgebreiteten Schwingen"

Saint-Rémy und Polignac

Die einsam zwischen Loudes und Bains stehende Kirche von Saint-Rémy besitzt eine massive Silhouette, eine Glockenwand und ein tief liegendes Portal, wie dies bei den Bergkirchen im Cantal-Massiv häufig der Fall ist.

Oben links: *Detail aus einem der Kapitelle von Saint-Rémy mit sehr rudimentären Zügen ;*
Oben rechts: *Kirche von Saint-Rémy mit Glockenwand und tief liegendem Portal*
Unten: *Kirche Saint-Martin in Polignac*

Die Kirche Saint-Martin in der Ortschaft Polignac im Schatten des eindrucksvollen Schlosses stammt us dem 11. und 12. Jh., erhielt jedoch nachträglich ein breites gotisches Portal. Im Inneren ist der quadratische Chor Ausdruck für den frühromanischen Stil. Unter den Kapitellen sind insbesondere das mit der Lamm-Gottes-Anbetung durch Greise und das mit Tiere zeichnenden Männern erwähnenswert. In der Apsis befinden sich Fresken mit einer Darstellung des Jüngsten Gerichts und des Erzengels Michael.

Der "Ochsen-Schlachtstein" von Saint-Paulien

In Saint-Paulien, in der galloromanischen Epoche Hauptstadt der Region von Le Velay, befindet sich vor der Stiftskirche Saint-Georges ein mysteriöser Stein un der den Namen "pierre à tuer les bœufs" ("Ochsen-Schlachtstein") trägt. Er besitzt verschiedene antike Skulpturfragmente, während an der Kirche einzelne Kapitelle der Nebenapsiden mit Girlanden verziert sind, deren Stil keltischen Ursprungs sind. Von den sieben Radialkapellen sind vier romanischen Stils. Die Stiftskirche besitzt eine große Apsis ohne Chorumgang und ist einschiffig ausgelegt. Das Fehlen von Zwischenwänden im Inneren, das die starken Stützstreben auf der Außenseite erforderlich machte, erinnert an den romanischen Baustil im Languedoc.

Oben: *Luftbild von der Kirche in Saint-Paulien*
Unten: *Detail einer Radialapsis und Stützstreben im Hintergrund*

Chamalières-sur-Loire

Chamalières-sur-Loire war eines der großen geistlichen Zentren in der Region von Le Velay. Hier befanden sich mehrere Prioreien, die vom Hauptkloster abhingen, das seine Blüte wiederum dem Besitz der Reliquien von Saint-Clou – eine Gabe Karls des Großen – und von Saint-Gilles d'Arles verdankte. Die Klostergebäude wurden inzwischen vom Fluss fortgetragen, so dass nur noch einige Bögen des Kreuzgangs und die heutige Kirche Saint-Gilles Zeugen aus dieser großen Vergangenheit sind. Die Kirche wurde im 12. Jh. errichtet und seitdem kaum verändert. Ihr nüchternes Äußeres wurde durch die mit Darstellungen verzierten Torflügel des Portals bereichert, die jedoch von der Witterung stark mitgenommen wurden und heute an einem geschützten Ort aufbewahrt werden. Im Inneren sind die geräumige Apsis mit ihrem halbkreisförmigen Kuppelgewölbe, die ursprünglich keinen Chorumgang besaß, und der berühmte "Taufstein der Propheten" aus der romanischen Epochee sowie verschiedene Basreliefs und Fresken sehenswert.

Oben: *Detail der ursprünglichen Torflügel der Kirche in Chamalières-sur-Loire und Gesamtdarstellung*
Unten: *Die Apsis der Kirche in Chamalières-sur-Loire mit ihrem Kuppelgewölbe*

Le Monastier

Der Name des Orts Monastier-sur-Gazeille geht auf die Gründung eines Klosters – des ersten in der Region von Le Velay - durch den Grafen von Auvergne Calminius im Jahre 680 zurück. Die einstige Klosterkirche ist als Ortskirche erhalten, während die Klostergebäude von den Sarazenen zerstört und später wieder um die Kirche und das noch heute erhaltenen Klosterschloss herum errichtet wurden. Das Kloster war sehr bedeutend und mit dem von La Chaise-Dieu vergleichbar. In der Kirche ist ein besonders reicher Kirchenschatz zu sehen, dessen Glanzstück eine romanische Reliquienbüste des Hlg. Chaffre oder Hlg. Theofred ist, der als zweiter Abt des Klosters ernannt wurde. Daneben sind insbesondere auch zwei byzantinische Seidenstickereien aus dem 10. Jh. zu bewundern.

Oben links: *Fassade der einstigen Klosterkirche von Le Monastier*
Oben rechts: *Romanische Reliquienbüste des Hlg. Theofred aus mit Silberblech beschlagenem Holz*
Rechts:
Detail aus der byzantinischen Seidenstickerei im Kirchenschatz von Le Monastier

Le Puy-en-Velay, Etappe nach Santiago de Compostella

Le Puy-en-Velay war einst neben Paris, Vézelay und Arles ein wichtiger Ausgangspunkt für die Pilger, die sich nach Santiago de Compostella aufmachten. Einer der ersten bekannten, in der Geschichte erwähnten Pilger war Gottschalk, damals Bischof von Le Puy, der sich im Jahre 950 auf die Pilgerfahrt nach Galizien begab.

Die Stadt besitzt noch verschiedene Zeugnisse für die Verbindung mit der iberischen Welt, denn die Kapelle Saint-Michel von Aiguilhe und die Kathedrale Notre-Dame – die beiden wichtigsten romanischen Bauwerke von Le Puy – zeigen weitgehende mozarabische Einflüsse. Der orientalische Einschlag ist jedoch auch durch die Kreuzzüge erklärbar, die ebenfalls von hier ausgingen (Adhemar de Monteil, ein späterer Bischof von Le Puy, wurde vom Papst Urban II. im Jahre 1095 mit der Führung des ersten Kreuzzugs beauftragt). Daneben besitzen die beiden Bauwerke auch einen gewissen Einfluss aus dem benachbarten Limousin und der Dekor zeigt, dass das galloromanische Erbe damals ebenfalls noch teilweise in der Auvergne erhalten war.

Le Puy war auch der Schauplatz einer der frühesten Erscheinungen der Hlg. Maria um das Jahr 420 herum. Seitdem besteht hier ein ununterbrochender Marienkult, der vielleicht schon in der prähistorischen Zeit seine Vorgänger besaß, denn auf der Spitze des Felsens befindet sich ein steinzeitlicher Dolmen, der die Bezeichnung "Fieberstein" trägt.

Der Hauptgegenstand dieses Marienkults war eine Schwarze Madonna, die zwar in der frz. Revolution zerstört, von der jedoch eine getreue Kopie erstellt wurde. Sie liegt ganz in der Tradition der Auvergne, außer dass das Jesuskind nicht segnend dargestellt ist und seine Hände – wie die der Madonna – weiß sind.

Saint-Michel von Aiguilhe
auf einem Felsen über der Borne
Byzantinische Madonna auf einem Reliquienkreuz
Trilobiten-Portal der Kapelle Saint-Michel von Aiguilhe

Saint-Michel von Aiguilhe das achte Weltwunder

Die vulkanische Felsnadel, die vor der Stadt Le Puy aufragt, diente bereits vor über tausend Jahren als Sockel für ein christliches Bauwerk. Die dem Hlg. Michael geweihte Kapelle befindet sich am Ende einer Treppe mit 268 Stufen, nach denen man der Besucher vor "einem wahren Kleinod der Architektur" nach den Worten von Prosper Mérimée – steht, das ein romanisches Portal mit einer Querschwelle im Stil der Auvergne aufweist. In die polychrome Fassade aus Steinen unterschiedlicher Färbung der Kapelle saint-Michel von Aiguilhe, ist das Portal mit dreilappigem, mit Skulpturen geschmückten Tympanon eingelassen, die byzantinische Einflüsse zeigen. Der orientalische Einfluss macht sich auch in den Fresken und in der Architektur der Kapelle bemerkbar die von einem pyramidenförmigen Glockenturm überragt wird, der dem einer Kathedrale gleicht.

Unten: *Die ungleichmäßige Form der Kapelle Saint-Michel von Aiguilhe ist der Tatsache zuzuschreiben, dass sie an die Form des Vulkanfelsens angepasst werden musste, was den Baumeistern jedoch hervorragend gelang*

Kleines Bild: *Romanischer Christus mit spanischem Einschlag im Kirchenschatz der Kapelle, der wahrscheinlich von einem Pilger aus Santiago de Compostella nach Le Puy zurückgebracht wurde*

Eine Kathedrale mit Bauchnabel und Ohren...

Wie die Kapelle Saint-Michel von Aiguilhe passt sich auch die Kathedrale Notre-Dame von Le Puy vollkommen harmonisch in ihren Rahmen ein, den sie mit ihrem eigentümlichen Glockenturm beherrscht, der an den Leuchtturm von Alexandria erinnert. Ihre Hauptfassade, die mächtig über der davor liegenden Freitreppe aufragt, besitzt Arkaden mit blinden Glockenfenstern, die sich mit dem kunstvollen Dekor aus Steinmosaik harmonisch verbinden lassen. Das an diese stolze Fassade anschließende Hauptschiff ist an der Decke mit Kuppeln abgeschlossen, die auf den Stützbögen der Seitenschiffe aufliegen und auf eine historische Bauweise orientalischen Ursprungs zurückgehen, die voll mit dem Grundriss des Bauwerks übereinstimmt. Der Zugang zur Kathedrale erfolgte langezeit durch das "päpstliche Tor", über dem der älteste Türsturz in der Auvergne - er stammt aus dem 6. Jh. - mit seiner typischen Satteldachform liegt. Ursprünglich gelangten die Pilger nach einer Beschreibung aus dem 17. Jh. "über den Bauchnabel hinein und über die Ohren hinaus", d.h. durch einen Tunnelbau, der direkt zum Chor führte und der nach den jüngsten Renovierungsarbeiten wieder in seiner ursprünglichen Form hergestellt wurde. Auch wenn die Architektur der Kathedrale von Le Puy in der Auvergne nur wenig Nachahmung fand, diente ihr Dekor und ihre Skulptur in der ganzen Region als Vorbild. Dasselbe gilt auch für die bildlichen Darstellungen nach der Art einer "Bilderbibel" zur Erbauung der Gläubigen, die weitgehend des Lesens unkundig waren. Denn vor den Fürsten und Königen war es das einfache Volk, das Le Puy zu dem machte, was es war – einer Art Lourdes im Mittelalter.

Links: *Die 5,55 m hohe Freske des Hlg. Michael auf der linken Empore ist die größte Darstellung dieser Art in Frankreich*
Mitte: *Gesamtansicht der Kathedrale, davor die Klostergebäude mit einem orientalisch anmutenden Schornstein über dem Kreuzgang*
Rechts: *Schwarze Madonna von Le Puy, von Philippe Kæppelin, eine Nachbildung von Faujas de Saint-Fond nach dem Original aus dem 12. Jh.*

Die Oberstadt von Le Puy mit der Kathedrale und der Marienstatue Notre-Dame de France

Das Martyrium der Hlg. Kathrin von Alexandria in einer der Nebenapsiden unter der linken Empore

Die Saint-Jean-Taufkirche, das älteste religiöse Bauwerk in Le Puy-en-Velay, besitzt ein romanisches Portal mit zwei steinernen Löwen im lombardischen Stil davor. Der einschiffige Kirchenraum endet mit einem Triumphbogen und einer halbkreisförmigen Apsis dahinter, über der sich Bogengewölbe erheben. Das gegenüberliegende Ende des Kirchenschiffs ist mit Galerien geschmückt. Die Taufkirche aus der Karolingerzeit besitzt verschiedene Steine mit Skulpturen aus der galloromanischen Epoche in Form von Friesen und Putten. Sie ist mit der daneben stehenden Kathedrale durch den Torbogen "Porche Saint-Jean" und mit dem Klerikergebäude durch ein Gewölbe verbunden, unter dem die "Rue du Cloître" beginnt. Diese Verschachtelung macht die ursprüngliche Einheit des Gebäudekomplexes um die Kathedrale herum deutlich.

Links: *Apsis der Saint-Jean-Taufkirche mit Skulpturen der "Pilger von Santiago" von Dominique Kæppelin*

Fresken in der Kathedrale
Unten: *Freske einer Madonna mit Kind am Westportal bei der Haupttreppe*
Nächste Seite: *Der Hlg. Stefan, Detail aus der Freske der Verklärung am Westportal bei der Haupttreppe*

"Der schönste Kreuzgang im christlichen Abendland"

Dieser Ausdruck von Emile Mâle, eines der größten Kenner der religiösen Kunst im Mittelalter, drückt die Notwendigkeit eines Besuchs im Kreuzgang der Kathedrale unmissverständlich aus. Wie ein Widerhall der kufischen Zeichen zum Ruhme Allahs auf den Toren aus Zedernholz der Kathedrale erweckt der Kreuzgang den Eindruck, in der Moschee von Cordoba zu sein. Die weißen, roten und schwarzen Wölbsteine der Arkaden und die Steinmosaiken verweisen eindeutig an die maurische Inspiration der Baumeister. Abgesehen von diesen überraschenden Farben und Formen sind die Skulpturen im Kreuzgang ausgesprochen christlicher Herkunft und beschreiben den Kampf, den der Gläubige führen muss, um zum Seelenheil zu gelangen. So z.B. auf dem Kapitell, auf dem eine weibliche Kentaur-Figur dargestellt ist, die einen Kentaur flieht, um der Versuchung der sinnlichen Lust zu entgehen, während die Glückseligen, die ins Paradies gelangen, durch zwei aus einer Vase trinkende Tauben symbolisiert sind. Auch auf dem Fries unter dem Dach sind vertraute christliche Themen dargestellt, z.B. Sinnenlust, Schlemmerei und Stolz.

Rechts: *Kapitell "Kampf zwischen Gut und Böse", Kapitell "Die Kentaurin" in der westlichen Galerie*

Freske mit einer Kreuzigungsszene aus dem 12. Jh. im Kapitelsaal
(auch Totenkapelle genannt, da hier die Kanoniker seit dem 17. Jh. begraben wurden)
Die Inschrift besagt, dass sie in weniger als 100 Tagen beendet wurde

Gittertor zum Kreuzgang, eines der schönsten Beispiele für die romanische Schmiedekunst
Sie ist auf der ganzen Oberfläche mit Stichel- und Stempelarbeiten verziert

Oben rechts: *Kapelle Notre-Dame d'Estours*
Links: *Madonna von Estours, Ziel zahlreicher Wallfahrer, die hier zwei Hirtenjungen erschien und sie aufforderte, an dieser Stelle eine Kapelle zu bauen*

Unten rechts: *Die Madonna von Saugues mit ihrem undurchdringlichen Blick*
Unten links: *Stiftskirche Saint-Médard in Saugues mit Glockenturm im typischen Stil der Auvergne*

Unter dem Zeichen des Hlg. Rochus

Wenn die Pilger Le Puy verließen, hatten sie eine der schwersten Etappen auf der Pilgerfahrt nach Santiago vor sich: Sie mussten zuerst die Schlucht des Allier und danach die Hochfläche des Aubrac durchqueren. Bis Saugues ist dieser Jahrtausende alte Weg bemerkenswert gut erhalten. Dabei ist erkennbar, dass der Hlg. Rochus von den Pilgern sehr verehrt wurde.
Die Kapellen, die zu Ehren dieses Schutzheiligen der Pilger gebaut wurden, sind auch heute noch sehr zahlreich. Die bedeutendste davon ist die Kapelle Notre-Dame d'Estours, die sich an einer wilden Stelle in der Schlucht der Seuge befindet und eine polychrome Madonna aus dem 12. Jh. besitzt, die bis zum heutigen Tag von zahlreichen Gläubigen verehrt wird. Nicht weit davon liegt Monistrol-d'Allier in einem malerischen, von Schluchten umgebenen Rahmen mit der romanischen Kirche Saint-Pierre.
Saugues, einst Hauptort in der Region des Gévaudan, war eine bedeutende Etappe mit einem Kloster und Hospiz, in dem sich die Pilger aus der Auvergne trafen und für die Weiterreise gruppierten. Der Ort ist von weitem durch die Stiftkirche Saint-Médard erkennbar, die ursprünglich im reinen romanischen Basilika-Stil der Auvergne gebaut wurde. Seit mindestens acht Jahrhunderten verehren hier die Gläubigen die Madonna mit dem segnenden Jesuskind, einer Statue mit einer zarten Polychromie. Zum Schatz der Stiftskirche gehört auch ein seltenes romanisches Messgewand, das von den adligen Hofdamen Karls X. gestickt wurde.

Oben: *Ganz allein steht das Kreuz von La Rodde auf der weiten Hochfläche des Aubrac, um den Pilgern den Weg von Le Puy nach Conques zu weisen*
Oben rechts: *Die Glocken der Kirche von Chanaleilles wurden bei Nebel geläutet, um verirrte Pilger zu leiten*

Unten links: *Mittelalterliche Furt bei Nasbinals*
Kleines Bild: *Kirche von Nasbinals, die zum Domstift von Aubrac gehörte*
Unten rechts: *Domstiftkirche Notre-Dame-des-Pauvres in Aubrac aus dem 11. Jh., als der Schutz der Pilger von den Ritterorden gewährleistet wurde*

Die Kirche Sainte Foy in Conques, Vorbild für viele Wallfahrtskirchen

Das Vorhandensein von wertvollen Reliquien wie denen der Hlg. Fidelia – von einem Mönch aus dem Rouergue in Agen entwendet! - , machte Conques zu einem der bedeutendsten Wallfahrtsorte in ganz Frankreich. Dieses Kloster, das zuerst den Schutz Karls des Großen genoss, erhielt im Jahre 1040 eine monumentale Basilika, die Platz für eine sehr große Zahl von Wundergläubigen aufnehmen konnte. So wurde die Kirche Sainte-Foy von Conques zum Vorbild für zahlreiche andere romanische Wallfahrtskirchen – lange vor Saint-Cernin in Toulouse, vor Saint-Martial in Limoges und vor Saint-Martin in Tours – und sogar vor Saint-Jacques in Santiago de Compostella.

Diese romanische Baukunst aus der Region Rouergue in der Auvergne fand auch bei vielen bescheideneren Bauwerken Nachahmung, wie z.B. bei der Kirche von Perse, die dem Hlg. Hilarian geweiht ist und der Gemeinde Espalion lange als Pfarrkirche diente.

Oben links: *Kirche von Perse d'Espalion an der Stelle des Märtyrertods des Hlg. Hilarian mit reich geschmücktem Portal.* Kleines Bild: *romanische Madonna in einer Nische auf der Außenfassade mit den typischen Zügen der Madonnen in der Auvergne*
Oben rechts: *Kirche von Perse mit Glockenwand und fünfeckigen Apsis mit Wandsäulen nach dem Vorbild von Conques*

Unten links: *Romanische Kapelle Saint-Pierre-de-la-Bouysse in Saint-Côme-d'Olt*
Unten rechts: *Estaing am Ufer des Lot, über den im 12. Jh. eine Holzbrücke führte*

"Bisher eine Heimstätte für wilde Tiere und singende Vögel, war dieser Ort dem Menschen unbekannt, der vor seiner unberührten Natur zurückschreckte." Ermold le Noir (9. Jh.)

ROMANISCHE KUNST WIE EIN GEBET

Beim Betreten der Abteikirche Sainte-Foy in Conques gelangt der Besucher in eine andere Dimension, so sehr verursacht das hoch aufragende Mittelschiff den Eindruck der sich zum Himmel erhebenden Seele. Dieser Eindruck wird durch die fast völlige Abwesenheit von angefügten Dekorelementen in der Architektur noch verstärkt, bei der andererseits das ganze arithmetische Wissen der mittelalterlichen Baumeister in seiner subtilsten Form zur Anwendung kam. Bevor der Gläubige eintritt, um diesen Aufruf zum Gebet bis ins tiefste Innere zu verspüren, wird er durch die überwältigende Darstellung des Jüngsten Gerichts auf dem Tympanon über dem Westtor der Kirche angehalten. In diesem von der Größe, der Anzahl Figuren, der Originalität und ihrer Darstellung, kurz von ihrer Schönheit her beeindruckenden Kunstwerk, das darüber hinaus hervorragend erhalten ist, sind alle Figuren auf die zentrale Christusgestalt konzentriert, der auch sofort den Blick des Betrachters anzieht.

Oben rechts: *Kreuzgang von Conques mit dem Schlangenbrunnen in der Mitte*
Oben links: *Kapitell "Die Ritter" im Kreuzgang.* Unten links: *Tympanon von Conques mit einer Vielzahl von Figuren, hervorragendes Meisterwerk der romanischen Plastik mit byzantinischen und karolingischen Einflüssen.* Unten rechts: *Christus als Weltenherrscher*

Ein Jahrtausende alter Schatz

Das aufgrund des Reliquienkults groß gewordene Kloster von Conques wurde ganz natürlich auch zu einem Mittelpunkt der Goldschmiedekunst. Der Kirchenschatz der Kirche Sainte-Foy ist ein beeindruckendes Zeugnis für diese tausendjährige sakrale Kunst. Gold, Silber, Elfenbein, Schmuck und Edelsteine - oft bereits damals schon sehr alt - stammen aus Stiftungen, die das Kloster in großer Zahl erhielt und die in einer hiesigen Werkstatt in der Zeit zwischen dem 9. und 16. Jh. verarbeitet wurden. Das erlesenste Stück des Kirchenschatzes ist die Reliquienstatue der Hlg. Fidelia "Majesté de Sainte-Foy" mit einem nach hinten geneigten Kopf, der aus der Zeit des frühesten Christentums stammt, auf einem Körper und Thron, die um 966 - dem Jahr der Ankunft der Reliquien in Conques - geschaffen wurden. Die im Laufe der Jahrhunderte mit Edelsteinen in allen Farben verzierte Statue mit ihrem befremdenden Ausdruck ist das Symbol des Glaubens schlechthin auf dem Pilgerweg nach Santiago de Compostella.

Oben links: *Der Buchstabe "A" Karls des Großen, eine Gabe des Kaisers aus dem 9. Jh. als Zeichen seines Wohlwollens für das Kloster von Conques;*
Oben rechts: *Reliquieenschrein von Pippin (9., 10. und 11.Jhr.), ältestes Stück des Kirchenschätzes*

Linken Seite: *Statue der Hlg. Fidelia*

Rechts: *Tragbarer Altar aus Alabaster aus dem 11. Jh. mit Verzierungen aus Email auf vergoldetem Kupfer*

Unten links: *Laterne von Bégon III., Abt von Conques von 1083 bis 1107*
Unten Mitte: *Reliquienarm aus dem 13. Jh. mit der Bezeichnung "Arm des Hlg. Georg", einst Mönch in Conques und danach Bischof von Lodève*
Unten rechts: *Reliquienschrein mit merowingischen und karolingischen Fragmenten*

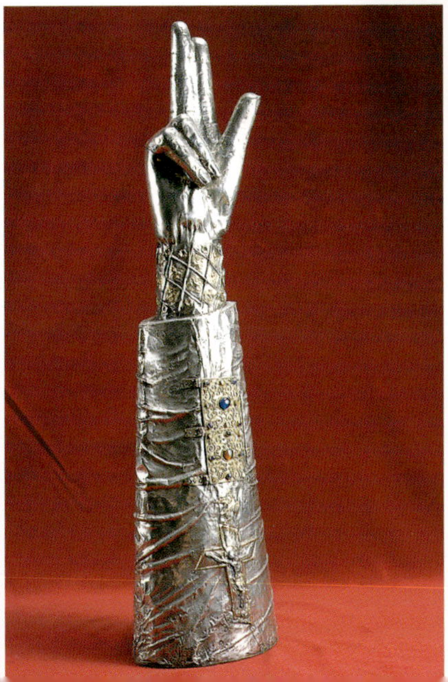

NIÈVRE
CHER
SAÔNE-ET-LOIRE
ALLIER
BOURBONNAIS
CREUSE
PUY-DE-DÔME
LOIRE
Allier
Sioule
Lurcy-Lévy
Franchesse
Cérilly
Agonges
St-Menoux
Moulins
Bourbon-L'Archambault
Neuvy
Yzeure
Ygrande
Autry-Issards
Souvigny
Coulandon
Cosne-d'Allier
St-Désiré
Buxières-les-Mines
Meillers
La Chapelaude
Le Montet
Châtel-de-Neuvre
Chappes
Huriel
Domérat
Montluçon
Jaligny
Neuilly-en-Donjon
Commentry
Montmarault
Bert
Bransat
Néris-les-Bains
St-Pourçain-sur-Sioule
St-Bonnet-de-Four
Bayet
Lapalisse
Langy
Droiturier
Chantelle
Barberier
Ste-Thérence
Bellenaves
Jenzat
St-Germain-des-Fossés
Veauce
Vicq
St-Pont
Seuillet
Escurolles
Ébreuil
Châtel-Montagne
Cognat
Vichy
Gannat
Biozat
Arronnes
0
20
40
60 km

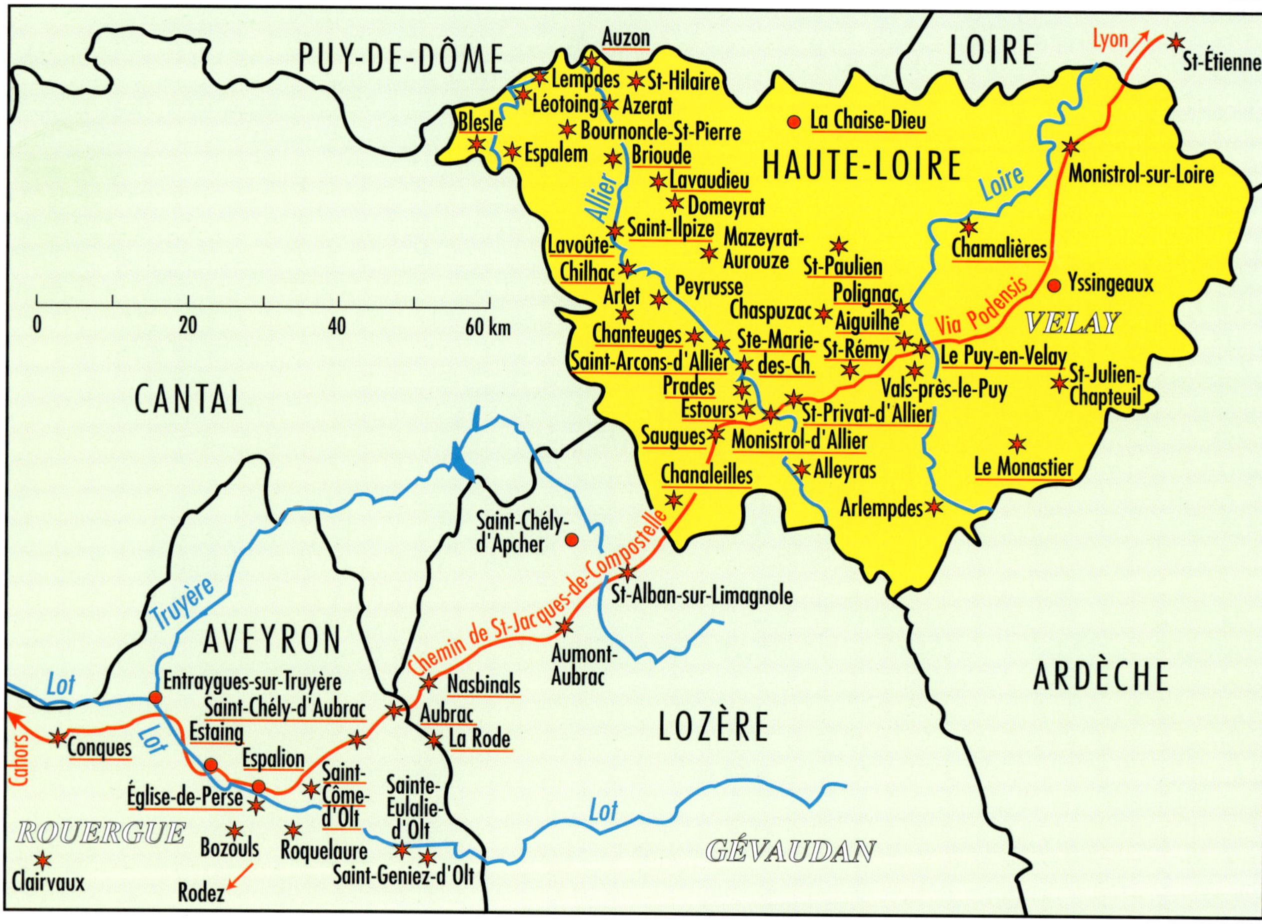
PUY-DE-DÔME
LOIRE
Lyon
St-Étienne
Auzon
Lempdes
St-Hilaire
Léotoing
Azerat
Blesle
Bournoncle-St-Pierre
La Chaise-Dieu
Espalem
Brioude
HAUTE-LOIRE
Lavaudieu
Monistrol-sur-Loire
Domeyrat
Allier
Loire
Saint-Ilpize
Lavoûte-Chilhac
Mazeyrat-Aurouze
St-Paulien
Chamalières
Arlet
Peyrusse
Polignac
Yssingeaux
Chaspuzac
Aiguilhe
Via Podensis
VELAY
Chanteuges
Ste-Marie-des-Ch.
St-Rémy
Saint-Arcons-d'Allier
Le Puy-en-Velay
Prades
Vals-près-le-Puy
St-Julien-Chapteuil
Estours
St-Privat-d'Allier
Saugues
Monistrol-d'Allier
Le Monastier
Chanaleilles
Alleyras
Arlempdes
0
20
40
60 km
CANTAL
Saint-Chély-d'Apcher
St-Alban-sur-Limagnole
Chemin de St-Jacques-de-Compostelle
Truyère
AVEYRON
Aumont-Aubrac
ARDÈCHE
Lot
Entraygues-sur-Truyère
Nasbinals
Saint-Chély-d'Aubrac
Aubrac
Estaing
La Rode
LOZÈRE
Cahors
Conques
Espalion
Église-de-Perse
Saint-Côme-d'Olt
Sainte-Eulalie-d'Olt
ROUERGUE
Bozouls
Roquelaure
GÉVAUDAN
Clairvaux
Saint-Geniez-d'Olt
Rodez

BOURBONNAIS
0
20
40
60 km
ALLIER
CREUSE
LOIRE
FOREZ
LIMOUSIN
PUY-DE-DÔME
BASSE-AUVERGNE
CORRÈZE
HAUTE-LOIRE
VELAY
CANTAL
HAUTE-AUVERGNE
LOT
AVEYRON
AUBRAC
ROUERGUE
Sioule
Dordogne
Vézère
Corrèze
Allier
Dore
Alagnon
Maronne
Truyère
Cère
Bellaigue
Menat
St-Quintin
La Chapelle d'Andelot
St-Genès-du-Retz
Châteauneuf-les-B.
St-Hilaire-la-C.
Artonne
Montpensier
Jussat
Ris
Chateldon
Vergheas
St-Georges-de-M.
St-Myon
Thuret
St-André-le-C.
Luzillat
Biollet
Comps
Combronde
Maringues
Bulhon
Port-Ste-Marie
Mozac
Ennezat
Culhat
Miremont
Volvic
Riom
Marsat
Lezoux
Thiers
Montfermy
St-Ours
Pontaumur
Pontgibaud
Montferrand
Beauregard-l'E.
Néronde
Pont-du-Ch.
Glaine-Montaigut
Herment
Heume-l'Eglise
Chamalières
Royat
Clermont-Fd
Chauriat
Moissat-Bas
Aubusson-d'Auv.
Cournon
Courpière
Giroux
Orcival
Beaumont
Le Crest
Billom
Neuville
St-Dier
Bourg-Lastic
St-Saturnin
Isserteau
Cunlhat
Saulzet-le-F.
St-Nectaire
Yronde
Manglieu
Messeix
La Bourboule
Champeix
Issoire
Sauxillanges
Ambert
Tauves
Le Mont-Dore
St-Diéry
Ronzières
Usson
Chastreix
Le Chambon-s-L.
Jonas
Colamine-ss-V.
Mailhat
St-Germain-L'H.
Bagnols
Besse-en-Ch.
Orsonnette
Marsac-en-L.
Vassivière
Nonette
St-Bonnet-le-B.
Arlanc
St-Donat
Chalus
Picherande
Roche-Charles
Compains
Dore-l'Eglise
Eymoutiers
Treignac
Ussel
Meymac
Bort-les-Orgues
Lanobre
Vignonet
Champagnac
Vebret
Ydes
Saignes
Eglisenuve-d'E.
La Godivelle
Sauvat
Menet
Vendes
Trizac
Vèze
Riom-ès-M.
Allanche
Massiac
Moussages
Jaleyrac
St-Hippolyte
Vernols
Vauclair
Chalvignac
Le Vigean
Aubazine
Mauriac
La Font-Sainte
Cheylade
Ste-Anastasie
Tourniac
Dienne
Chalinargues
Cussac-X.
Brageac
Anglards-de-S.
Pleaux
Chastel-s-M.
St-Christophe
St-Bonnet-de-S.
St-Paul
Ally
Salers
Bredons
Coltines
Andelat
St-Martin-C.
Tournemire
Valuéjols
Roffiac
St-Flour
St-Cirgues-de-J.
St-Cernin
Girgols
Lascelle
Brezons
Alleuze
Beaulieu-sur-Dordogne
Montvert
Laroquevieille
Vic-s-Cère
Aurillac
Jou-ss-M.
Chaudes-Aigues
Rocamadour
St-Etienne-de-C.
Rouziers
Montsalvy
Maurs
St-Urcize
Cahors
Moissac
Conques
Auvergne
CHER
NIÈVRE
INDRE
SAÔNE ET LOIRE
ALLIER
CREUSE
PUY de DÔME
LOIRE
CORRÈZE
CANTAL
HAUTE-LOIRE
LOT
ARDÈCHE
LOZÈRE
AVEYRON
Ganz oder teilweise romanische Kirche, Kirchenschatz oder Wallfahrtsort
Orcival Im Text zitierter oder auf den Abbildungen dargestellter Ort
Alleuze Sonstiger Ort mit romanischen Baudenkmälern

GLOSSAR

Andesit: graues oder schwarzes Ergussgestein aus der Familie der Diorite
Apsis: Halbkreisförmiger Abschluss des Kirchenraums hinter dem Langhaus und Chorraum, in der Romanik mit einem halbkuppelförmigen Gewölbe
Apsissaal: Halbrunder Teil des Chors, der meist durch sehr schöne Säulen geschmückt ist und den Altar aufnimmt.
Arkaden: Reihe von aneinander anschließenden Bogenfenstern, meist nur dekorativ auf der Außen- oder Innenfassade
Arkose: Sedimentgestein aus verwittertem Granit, das dem gelben Buntsandstein ähnelt und relativ hart ist
Atlant: Männliche Statue auf einem Kapitell, der eine darüber befindliche Last trägt oder zu tragen scheint.
Barlong: Zentralbau über der Vierung, auf dem der Vierungs- oder Glockenturm aufgebaut ist
Bogenstein: Gewölbte Umrandung des Portals, die jedoch nicht an die Wand angebaut, sondern als Vertiefung aus der Wand heraus gearbeitet ist. Meist sind mehrere Bogensteine aneinander gereiht.
Chor: Raum in der Verlängerung des Hauptschiffs, hinter der Kreuzung mit den Querschiffen, in dem der Altar steht, ursprünglich auch der Raum in dem der Chorgesang stattfand.
Chorhaus (Chorraum): Raum zwischen der Vierung und dem eigentlichen halbrunden Chor
Chorkapellen: Kapellen, die - oft radial - um den Chor herum angeordnet und über den Chorumgang zugänglich sind.
Chorschranke: Trennung zwischen Kirchenschiff und Chor, oft aus kunstvollem Schmiedeeisen
Chorumgang: Galerie um den Chor herum, die den Zugang zu den Chorkapellen ermöglicht.
Empore: Bei romanischen Kirchen eine Galerie zwischen den Arkaden des Seitenschiffs und den oberen Fenstern des Hauptschiffs.
Endkapelle: Kapelle am Ende der Kirche (auf der Mittelachse der Kirche)
Evangelienbuch: Sammlung der vier Evangelien in einem kostbaren Buch, aus dem bei der Messe über das Leben Jesu vorgelesen wurde.
Gewölbezwickel: Trompe mit dreieckiger Gestalt und konkaver kugelförmiger Aushöhlung
Glockenwand: Wandartiger Turmaufsatz über der Kirche mit Bogenfenstern, in denen die Glocken im Freien aufgehängt sind.
Gurtbogen: Gewölbebogen zum Abstützen des Tonnengewölbes einer Kirchendecke
Halbbogen: Halber romanischer, d.h. einen Viertelkreis beschreibender Stützbogen, typisch für die Seitenschiffe und Emporen in der Nieder-Auvergne
Halbkuppel: Gewölbedecke einer Apsis in der Form der Hälfte einer Halbkugel
Joch: Bogenfeld zwischen zwei Hauptstützen (Pfeilern, Säulen usw.)
Kapitell: Aufsatz auf einem aus einer Säule, einem Pfeiler oder einem Pilaster gebildeten Träger zwischen diesem und der darauf aufliegenden Last (Bogen, Gewölbe usw.)
Kapitelsaal: Saal, in dem sich die Kleriker und Mönche zum Vortrag (Kapitel) versammelten.
Krypta: Unterirdischer Sakralraum, meist unter dem Chor, ursprünglich als Grabraum für Märtyrer, Heilige, Könige usw. ausgelegt
Majestas Domini: Darstellung Christi als Weltenherrscher auf einem Thron, meist mit einer segnenden Hand, oft die Zentralfigur über dem Hauptportal
Mandorla: Ovales ("mandelförmiges") Medaillon als Rahmen für die majestätische Christusdarstellung.
Narthex: Bezeichnung für die Vor- oder Eingangshalle zwischen Portal und Hauptschiff, ursprünglich für die Katechumenen, d.h. die "Taufbewerber" vorgesehen
Nebenapsis: Kleine Apsis als Abschluss von Seiten- oder Querschiffen
Palmette: Palmenblattähnliches Ornament
Phonolith: Ergussgestein aus kompakter Lava (trachytischer Feldspat), wörtlich beim Anschlagen klingender ("phono") Stein ("lith")
Polychromie: Vielfarbigkeit. Bezeichnung für die vielfarbige Bemalung der Statuen aus Holz und Stein sowie des Inneren der Kirchen im Mittelalter und danach.
Portalvorbau: Überdachter Bereich vor dem Portal einer Kirche, meist mit Seitenwänden, die wie das Portal mit Skulpturen geschmückt sind.
Querschiff bzw. Querhaus: Quer zum Langschiff bzw. Langhaus verlaufender Kirchenraum. Die beiden kreuzen sich in der Vierung.
Radialkapellen: So um den Chor herum angeordnete Kapellen, dass ihre Achsen radial von der Mitte des Chors ausgehen.
Reliquienbüste, -statue: Büste bzw. Statue, die einen Heiligen darstellt und in der gleichzeitig dessen Reliquie aufbewahrt wird.
Reliquienschrein: Meist kostbar geschmückter Behälter für die Reliquien eines bzw. einer Heiligen.
Romanischer Bogen: Halbkreisförmiger, auf den römischen Baustil zurückgehender Bogen, der die typische Bogenwölbung in der Romanik darstellt.
Satteldach: Dach mit zwei Dachflächen links und rechts. Bei den ersten romanischen Basiliken als Dachform vom Kircheninneren aus sichtbar und später durch ein Tonnengewölbe verdeckt
Schieferdach: Die Dächer der Gebäude in der Auvergne sind oft mit richtigen Steinplatten gedeckt, die nicht unbedingt aus Schiefer sind, sondern je nach Region auch aus Ergussgestein (Phonolith) oder Gneis sein können.
Seitenschiff: Parallel zum Hauptschiff verlaufender Teil des Kirchenraum mit geringerer Höhe
Skulptur: Plastisches Bildwerk aus Stein, Holz oder anderem Material
Sparrenköpfe: Meist dekorativ behauene Kragsteine am Dachgesims mit vielfältigen Abbildungen von Tier- und Menschenköpfen, aber auch geometrischen u.a. Motiven
Tonnenbänderdekor: Verzierung aus Halbzylindern, die im Abstand ihrer Länge aneinander gereiht sind.
Tonnengewölbe: Gewölbe mit zylindrischer Form, als Deckenabschluss in den romanischen Kirchen späterer Bauart.
Trachyt: Hartes Ergussgestein mit rauher Oberfläche, meist mit grau-roter Färbung
Triumphbogen: Bogen im Inneren der Kirche, der das Hauptschiff vom Querschiff bzw. Chorraum trennt
Trompe: Gewölbekappe oder Gewölbezwickel in Form eines halben Hohlkegels zum Übergang von einem quadratischen in einen achteckigen oder runden Raum (Kuppel).
Tuff: Sehr leichte und poröse, sekundär verfestigte vulkanische Lockermasse
Tympanon: Giebelfeld über dem Türsturz eines Portals, meist bildnerisch sehr reich geschmückt.
Vierung: Viereckiger Bereich, in dem sich Längs- und Querschiff kreuzen und der somit ein Quadrat oder Rechteck bildet.
Vierungsbögen: Stützbögen zwischen zwei Innenwänden einer Kirche, insbesondere zwischen Lang- und Querhaus
Votivgabe: Bild, Inschrift oder Gabe, die einem Heiligen als Dank oder mit der Bitte um Hilfe in bestimmter Not dargebracht werden
Wandsäule: Nicht freistehender, sondern an der Wand angesetzter, teilweise nur dekorativer Pfeiler (Säule).
Widerlagspfeile: Pfeiler auf der Seite des Portals, auf dem der Türsturz aufliegt
Wölbstein: Gewölbt zugehauener Stein zur Bildung von Bögen, Gewölben usw.

Namensverzeichnis

Normaldruck: Textverweise - ***Fettdruck: Bildverweise***

Christus als Weltenherrscher, Deckenfreske in Brioude (Haute-Loire)
Einband: *Kirche von Saint-Nectaire (Puy-de-Dôme)*
Rückseite: *Madonna mit Kind von Vauclair (Cantal)*, Text von François Graveline.

Version française brochée, 4e édition mise à jour, achevée d'imprimer en mars 2008. Dépôt légal avril 2006.
ISBN ou EAN : 978-2-913381-31-5
(3e édition ISBN10 : 2-913381-31-6 - ISBN13 : 978-2-913381-31-5).
(2e édition ISBN10 : 2-913381-08-1 - ISBN13 : 978-2-913381-08-7).
(1re édition ISBN10 : 2-9509180-5-0 - ISBN13 : 978-2-9509180-5-5).

Version française reliée
(2e édition ISBN10 : 2-913381-09-X - ISBN13 : 978-2-913381-09-4
(1re édition ISBN10 : 2-9509180-6-9 - ISBN13 : 978-2-9509180-6-2).

Version allemande brochée, 3e édition mise à jour, achevée d'imprimer en mars 2008. Dépôt légal avril 2006.
ISBN ou EAN : 978-2-913381-32-2
(2e édition ISBN10 : 2-913381-32-4 - ISBN13 : 978-2-913381-32-2).
(1e édition ISBN10 : 2-913381-10-3 - ISBN13 : 978-2-913381-10-0).

Version anglaise brochée, 2e édition mise à jour, achevée d'imprimer en mars 2008. Dépôt légal avril 2006.
ISBN ou EAN : 978-2-913381-11-7
(1e édition ISBN10 : 2-913381-11-1 - ISBN13 : 978-2-913381-11-7).

Imprimerie Sabre - Vérone (Italie)

rue Becquerel - Z. A. de l'Artière - 63110 Beaumont (France)
Téléphone 33 (0)4 73 27 43 00 - Fax 33 (0)4 73 26 26 12
www.editions-debaisieux.fr